児童虐待

――現場からの提言

川﨑二三彦

Fumihiko Kawasaki

Eurus

Notus

Boreas

Zephyrus

JN284415

岩波新書

1030

まえがき

児童相談所が通告を受け、認知、対応したわが国の児童虐待件数は、統計を取りはじめた一九九〇年度の一一〇一件を一とした場合、一六年後の二〇〇五年度は、実に三〇倍以上の三万四四五一件(二〇〇六年六月速報値)となっている。前年度の三万三四〇八件を一千件以上も上回る過去最高の件数であり、その急増ぶりはまさしく顕著というほかない。加えて、虐待によって当の子どもが死亡してしまうような不幸な事例も後を絶たず、児童虐待は「児童の人権を著しく侵害し、その心身の成長及び人格の形成に重大な影響を与えるとともに、我が国における将来の世代の育成にも懸念を及ぼす」(児童虐待の防止等に関する法律第一条)きわめて深刻な問題となっている。

本書はそうした児童虐待について、児童相談所で実際に業務を行っている立場から著したものである。考えてみると私は、心理職として、また児童福祉司(ソーシャルワーカー)として三十年余という期間をずっと児童相談所で過ごしてきた。児童相談所という一機関に身を置き、いわば定点観測のようにして子どもと家族、また彼らが生きる社会を見つめてきたといっていい

だろう。児童虐待が発見された場合、それらが常に児童相談所へ通告されてきたことを考えると、虐待の問題が話題にもならなかった時代から、本格的な対応を求められるようになった今日までのすべての期間、つまりわが国における児童虐待問題の歴史を、私はその渦中でつぶさに眺めてきたことになる。そのような私の目に児童虐待はどのように映ったのか、あるいは私自身は児童虐待をどのように体験してきたのか、本書では、その点を率直に語り、問題提起もしたいと考えている。

さて、私たちにとって、また私たちの社会にとって児童虐待とはいったい何だろうか。

虐待通告を受け、日々その対応に追われながら痛切に感じることは、閉ざされた家庭の中で生じる児童虐待という現象が、実は私たちの社会に深く根を下ろしている深刻な矛盾、あるいは腰を据えて取り組むべき種々の課題などを否応なくあぶり出すということだ。換言すれば、誰も知ることのない密室の出来事が、現代社会を鋭く照射するのである。

それゆえ本書は、児童虐待という切り口を通して家族や人間に接近し、今日の社会のありようを問いかけるものとなろう。それがどこまで成功しているかは別として、本書執筆の第一の理由は、その点にある。

いうまでもなく児童虐待は、本来ならば率先して子どもを保護すべき者による加害行為であ

る。保護者は子育てのさなかに、なぜかその子を虐待してしまい、虐待を繰り返しつつ日々の養育にたいへんな労力を費やす。他方子どもは、虐待環境から逃れたいと切に願いながら、同時にその保護者から見捨てられることを恐れ、あくまでも保護者に依存して生きていこうとする。だから児童虐待は、保護者にとっても、また子どもにとっても大いなる矛盾であり、必然的に激しい葛藤を引き起こさざるを得ない。

付け加えれば、彼らのかかえる矛盾や葛藤はそっくりそのまま、児童虐待と対峙する児童相談所に引き継がれ、担当者を苦しめる。なぜといって、子どもの安全を優先させれば保護者との激しい対立は避けられないし、保護者に配慮しているだけでは虐待が深刻化する。ジレンマに襲われるのは必定だろう。

では、このような児童虐待を解決していくうえで、私たちの社会は有効な手だてを持ち得ているだろうか。また仮に持ち得ていないとしたら、あるいはそれが不十分だとしたら、私たちはどうすればいいのだろうか。

この問いかけにかかわって、あらかじめ一つだけ述べておくとすれば、児童虐待の問題は単に関係者、関係機関、あるいは専門家等に任せるだけでは決して解決するものではないということだ。児童虐待を生み出したのがわが国の社会だとしたら、それを克服するにも社会全体で

取り組む、つまり私たち一人ひとりがこの問題と真剣に向きあい、考える必要があるのではないか、と私は思う。

ただし本書では、こうしたテーマを念頭におきつつも、わが国における児童虐待への対応について、その実情や問題点、あるいは課題などを、なるべく具体的かつ平易に述べることに重点を置く予定である。というのも、時としてマスコミ等でセンセーショナルに取り上げられることはあっても、多くの場合、児童虐待の本質や実態が正しく伝えられているとはいいがたいからである。本書を執筆した第二の理由は、まずもって児童虐待の現実、児童虐待対応の実情をありのままに理解してほしいという点にある。

なお、各章それぞれに具体例を載せているが、紹介した事例がそのまま実在したというわけではない。これらは私自身が経験し、また見聞きしたものを下敷きにして、読者が児童虐待について少しでもわかりやすく理解できるようすべて再構成したもので、いわば創作である。とはいえ、本書執筆にあたって参考にさせてもらったすべての子どもたち、またその保護者や関係者、関係機関の方々には、あらためて謝意を表したい。

本書が今後の児童虐待防止にわずかなりとも貢献できればと願う次第である。

目　次

目　次

序章　児童虐待への取り組みがはじまる

法改正をめぐる意見の対立

田中委員　参考人の皆さん方、本日はありがとうございます。持ち時間が限られていますから、そう思うかそう思わないかでまずお答えをいただきたいのです、どうか御無礼をお許しいただきたいと思います。
児童虐待は年々増加しており、ゆゆしき状態に至っている、何らかの対応強化が必要である、そう思うか思わないか。全参考人から、それだけで結構です、一言ずつお願いします。

今井参考人　必要であると思います。

上出参考人　必要だと思います。

真野政府参考人　必要であると思っております。

富岡政府参考人　必要だと思っています。

横山政府参考人　必要であると思っております。

川口政府参考人　必要と思っております。

黒澤政府参考人　必要だと思います。

全員が異口同音に「児童虐待への対応の強化が必要」と答えたこの質疑は一九九九年一一月一八日、衆議院青少年問題に関する特別委員会でのことだ。実はわが国における児童虐待に関する議論は、ほとんどこの委員会で行われている。さて、この日質問に立ったのは、本委員会の理事でもある田中甲衆議院議員。答えているのは児童虐待にかかわる各分野の代表者である。

ちなみに、各参考人の所属等を紹介すると、今井宏幸氏は埼玉県中央児童相談所長(肩書きは当時、以下同じ)。余談だが、児童相談所の職員が参考人として国会に呼ばれるなどということは、長く児童相談所で勤務してきた私にとっても、およそ考えられないことであった。それが児童虐待の問題を議論するこの委員会に限っていえば、最前線で中心的な役割を担っている児童相談所の意見を聴取することは不可欠であったのだろう、委員会開催のたびに、直接実務を担当する児童福祉司も含めて多くの職員が出席し、実情を訴えている。

次に上出弘之氏は、社会福祉法人子どもの虐待防止センター理事長で、過去には全国児童相談所長会会長も務めたことのある児童精神科医である。また政府参考人は、発言順に、それぞれ厚生省児童家庭局長、文部省生涯学習局長、法務省人権擁護局長、総務庁青少年対策本部次長、警察庁生活安全局長であった。いわば児童虐待に関係するおもな省庁の責任ある立場の者がこもごも出席し、発言し、熱心な討議が行われていたといっていい。委員会審議の様子をもう少し紹介してみよう。

田中委員　ありがとうございます。皆さん一様に、何らかの対応が必要ということを御答弁いただきました。

それでは、法的な改正、例えば児童福祉法等の法的な改正も必要であると思われているかどうか、その点をお三方にお聞きしたいと思うのです。同じく、そう思うかそう思わないかで結構でありますが、今井参考人、いかがでしょうか。

今井参考人　必要だと思います。

田中委員　上出参考人、いかがでしょうか。

上出参考人　必要だと思います。

田中委員　厚生省、いかがでしょうか。

真野政府参考人　私どもといたしましては、現行法を適切に執行したいというふうに思っております。(田中委員「いや、必要であるか必要でないか」と呼ぶ)私は、現在のところ、必要ではないと思っております。

厚生省児童家庭局長がここで述べた現行法とは、児童福祉法である。そもそもこの時点では、現在施行されている児童虐待の防止等に関する法律(以下、児童虐待防止法)は影も形もなく、児童虐待はすべて児童福祉法によって対応すべきものとされていた。とはいえ、戦後まもなく制定された児童福祉法は、児童虐待の急増や対応の困難さ、またその深刻さなどを想定しておらず、今日的な児童虐待の実態にふさわしい内容といえるのかどうか、疑問視されるようになっていたのであった。それゆえ田中議員は、厚生省のこの答弁を厳しく追及する。

田中委員　それでは、厚生省にお聞きをしたいと思います。それでは、現行の児童福祉法の中で、児童虐待の定義はうたわれていますか。うたわれている箇所を言ってください。

真野政府参考人　虐待の定義は、虐待という言葉はございますが、定義はございません。

田中委員　する必要があるかないかで答えてください。児童虐待の定義ということを児童福祉法に明確にうたう必要があると思いますか。

（中略）

真野政府参考人　今申し上げましたように、児童虐待の……（田中委員「あるかないかで答えてください」と呼ぶ）私は、法律上は非常に難しいのではないかと……（田中委員「難しいじゃない、あるかないか」と呼ぶ）いや、それは、難しいのではないかと思います。

田中委員　責任を感じてないと思います、厚生省。今、児童虐待がこれだけ問題になって、何らかの対応が必要だと言っている中で、児童福祉法の中で児童虐待の定義がされていない、その事実を認めてください。もう一度お願いします。

石田委員長　厚生省局長は、委員の質問に対して的確に答えてください。

答弁でも明らかなように、児童福祉法には、児童虐待とは何かについての定義がないのであった。そして児童虐待対策を所管する厚生省は、議員の追及にたじたじとしながらも、この段階での法律の改正、ましてや新たな児童虐待防止法制定の必要性などは認めていない。では、児童虐待に対して「何らかの対応強化が必要である」との認識自体は持っていた厚生省は、どのような方針だったのだろうか。

児童虐待の社会的発見

この問題を考えるうえで、つまりわが国の児童虐待への対応をふり返るうえで出発点となったのは、おそらく一九九〇年であろう。この年の三月、厚生省児童家庭局長の通知という形で、装いを新たにした「児童相談所運営指針」が出され、あわせて一九九〇年度からは、全国の児童相談所が報告すべき統計項目の一つに「児童虐待処理件数（対応件数）」が加えられたのだ。

こうした動きの背景として考えられるのは、その前年（一九八九年）、国連総会で「子どもの権利条約」が採択されたことだ。この条約には、次のような条項が挿入されていた。

第一九条

1　締約国は、児童が父母、法定保護者又は児童を監護する他の者による監護を受けている間において、あらゆる形態の身体的若しくは精神的な暴力、傷害若しくは虐待、放置若しくは怠慢な取扱い、不当な取扱い又は搾取(性的虐待を含む。)からその児童を保護するためすべての適当な立法上、行政上、社会上及び教育上の措置をとる。

国際条約の中に、初めて虐待や養育の怠慢から子どもを保護することが盛り込まれたのである。

もちろん、それ以前に児童虐待がなかったわけではない。私が児童福祉司となったのは「子どもの権利条約」が国連で採択された一九八九年だったが、新米児童福祉司をねらい撃ちするようにして、深刻な虐待通告が舞い込んできたことを、鮮明に記憶している。

「実は昨日、頭蓋骨骨折、四肢挫傷、皮下血腫などで一歳半の子どもが入院したが、どうも被虐待児症候群の疑いが濃い」

病院からの通告であった。子どもの命そのものが脅かされるような事態であるにもかかわらず、保護者は虐待行為を認めず、相談そのものを拒否する姿勢も崩さない。ではこうした状況にどう対応すればいいのか。暗中模索というのはこのようなことをいうのであろう、どこを探しても児童虐待対応のマニュアルなどはない。私は、通常の相談援助の方法では太刀打ちできない困難さを感じながら、子どもの安全を確保するため四苦八苦し、関係機関との協議や保護者との面接を続けていったことを覚えている。

ただし、当時このような事例はごく稀で、私の勤務していた児童相談所でも、児童虐待の通告は年間を通じて数件あるかないかという程度であった。全国の児童相談所における虐待処理件数も、初めて集計された一九九〇年度で一一〇一件、児童相談所が受け付ける非行や不登校、障害相談などを含む全相談件数に占める児童虐待の割合は、わずか〇・四%程度でしかなかったのである。

こうした状況下の一九九一年、大阪市中央児童相談所副所長の津崎哲郎氏が、月刊誌『少年補導』に、児童虐待に対する先駆的なレポートを連載しはじめる。「閉ざされた家族」と題されたその報告は、文字どおりパイオニアとしての実践を踏まえた意欲作であった。だから私たちはその雑誌を回し読みし、あるいは該当箇所をコピーしてむさぼるように読み耽《ふけ》った。

一方この時期には、医療、保健、福祉、法曹、教育、報道などの関係者が、日本で初めて児童虐待防止を目的とした民間団体「児童虐待防止協会」を大阪で設立し(一九九〇年三月)、翌

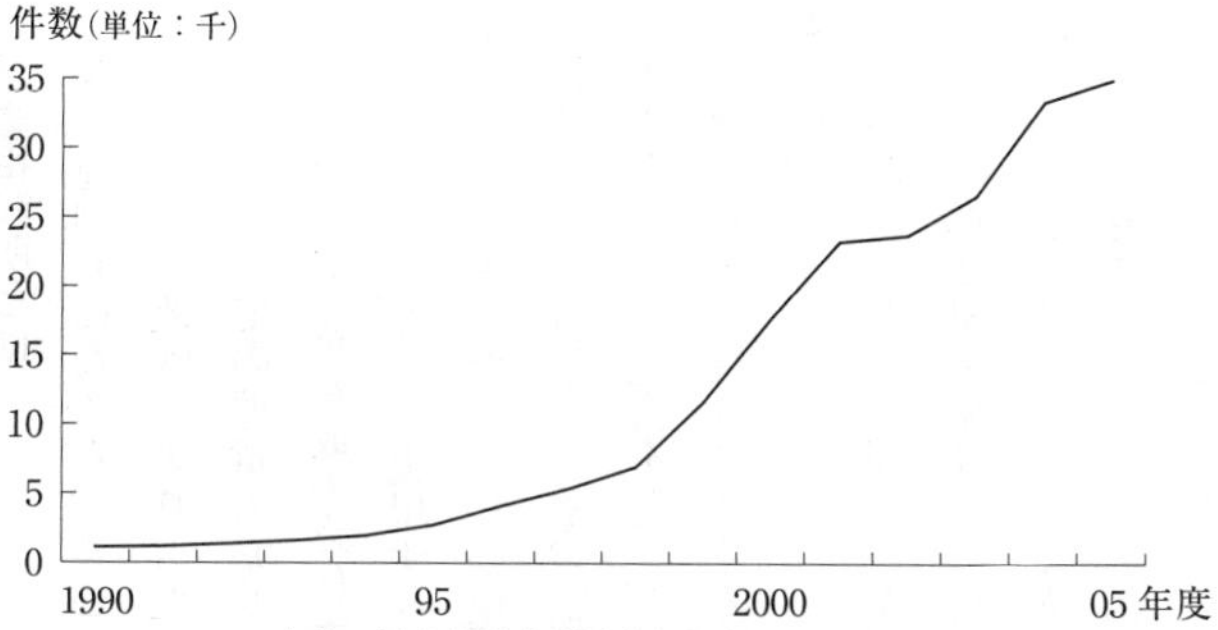

出典：厚生労働省「社会福祉行政業務報告」

図序-1　虐待に関する相談対応件数の推移

年には協会の事業として「子どもの虐待ホットライン」を開設、児童虐待の相談や通告を受ける活動を開始する。また東京でも、一九九一年に「子どもの虐待防止センター」が発足し、やはり相談電話を設けるなど活発な活動を展開するようになっていく。さらに一九九五年には、大阪で「日本子どもの虐待防止研究会(JaSPCAN)」が結成され、以後毎年、全国各地で持ち回りの大規模な学術集会が開催されるなど、職域を超えた全国規模の学究的な取り組みが開始されていくのであった。

こうした取り組みとも相俟《あいま》って、児童相談所への虐待通告件数は増加を続け、特に二〇〇〇年に児童虐待防止法が成立する直前あたりからは急増する(図序-1)。それはいわば、児童虐待の社会的発見とでもいうべきものであった。

児童相談所とは

少し遠回りになるが、ここで児童相談所という機関について簡単に説明をしておきたい。

そもそも、敗戦によりもたらされた社会の混乱と窮乏の中、一九四七年に制定された児童福祉法は、すべての児童の幸せを願って、児童の福祉を保障するための原理、すなわち「児童福祉の理念」「児童育成の責任」および「原理の尊重」を総則の冒頭に掲げたのだが、この法律は、こうした理想を実現すべく、「都道府県は、児童相談所を設置しなければならない」と明記したのであった。そして児童相談所は、「児童に関する各般の問題につき、家庭その他からの相談に応ずること」や、「保護者のない児童又は保護者に監護させることが不適当であると認める児童」の通告を受け、適切な援助を加えることをその業務として位置づけたのである。いわば、児童の福祉に関するあらゆる相談に対して、児童相談所が公的責任を負ったといってもいい。

だから戦後六〇年間、わが国で発生するさまざまな児童問題は、解決策のあるなしに関わらず、その都度児童相談所に持ち込まれ、児童相談所は未踏の道を歩むがごとくに、それらの問題にぶつかっていったのであった。

敗戦直後には、街にあふれる戦災孤児などの浮浪児対策が、発足まもない児童相談所の大きな役割であったし、その後も障害児への援助や非行問題、不登校の相談など、その時代に特徴的かつ未解決の児童問題、他の機関では対応できない事象に対し、公的な相談機関、最終の専門機関として多大な努力を払って取り組みが行われてきた。たとえば阪神・淡路大震災時には、厚生省の要請も受けて、全国すべての都道府県の児童相談所から職員が神戸に派遣され、子どものケアにあたった。とはいうものの私たちに震災時のケアについて十分な知識があったわけではない。現場で起こる問題を現場で考え、現場に学びながら現場に還元する、そんな活動を臨機応変に展開したのであった。あるいはオウム事件の際には、信者の居所に住まわされていた多くの子どもたちが、要保護児童として急遽《きゅうきょ》児童相談所に身柄を伴って通告されたのだが、こうした児童に対して、またその保護者に対してどのように接するのがいいのか、答えがあったわけでもない。

つまり児童相談所は、わが国で生起するさまざまな児童問題に対して、児童福祉法の理念に導かれながら、児童の福祉を守り、充実・発展させるため、パイオニアの役割も担いつつ多大な努力を払ってきたのである。

児童福祉の担い手たち

だが、こうした相談に従事する児童相談所の職員は、誰もが大学で心理学や児童福祉等を専攻したわけではなく、必ずしも専門職試験を受けて採用されたわけでもなかった。というよりも、児童相談所の長い歴史を見ると、児童福祉のことを真剣に考え、語り、実践し、リーダーシップをとってきた人たちの中にさえ、そのような専門職として採用された職員に交じって、大学ではロシア文学を専攻していたとか法学部で発展途上国の問題を考えていたという人がいるし、一般行政職として採用され、それまで児童福祉とは無関係な業務に携わっていたという人もいるのである。

つまり、一方ではパイオニアの役割を担わされ、他方では偶然その場に居合わせたような人たちが必死になって児童福祉のために全力を傾けてきた、というのが児童相談所の実際の歴史だったといっていい。換言すれば、全国的に見て児童福祉・児童相談のための十分な人員体制、人事政策、研修システム、その他あらゆるものが確立しない状態でこの仕事に出会った多くの人たちが、直面した業務の重大性に気づき、その深い意義を認め、やりがいを感じ、悪条件や困難も顧みずに苦闘しつづけた結果として、何とか日本の児童福祉は守られ、児童相談における成果も少しずつ築かれてきたのである。

そのため、こうした背景を持つ児童相談所に配属された多くの人は、児童虐待という、実践経験も少なく対応方法も未解明の新たな問題に直面し、今まで以上に迷い、ためらい、躊躇《ちゅうちょ》し、反省もし、ときには投げ出したくもなりながら、たいへんな業務を任されたものだと身震いし、それでもどこかこの仕事にはまりこんで熱中し、考え、悩み、ムキになって走り回っている……。これが児童相談所の実情なのであった。

しかし、中には死亡する例も報告されるなどの深刻な児童虐待の通告が急増するにつれ、児童相談所に対しては、かつてないほどの注目が集まるとともに、そのあり方についても、内外から手厳しい批判が向けられるようになる。

たとえば、子ども虐待ドキュメンタリーをマンガで表現して話題となった『凍りついた瞳《め》』(集英社、一九九六年)の原作者であるノンフィクション作家、椎名篤子氏は、一九九六年に東京都児童相談センターが主催したシンポジウムで次のように発言した。

〈児童相談所において、専門職採用になっていないある県での虐待ケースにまつわる話です。小児科医が虐待を発見し、地域と連携して見守っていたが、残念なことに殺害に至ってしまった。小児科医は初めての虐待ケースで大変ショックを受けながらも、この経験は生かさなければならないと、保健婦や児童相談所の人たちと反省会の試みをしようとしたところ、児童相談所の担当職員はすでに水道課に異動してしまい、所長も交代していたというのです。この小児科医の話から言えることは、児童相談所に来て虐待問題等で研修を積み、対応できるようになった方たちの異動は、関係部署に限ってのみ行われるべきであり、その蓄積は地域に還元されていかなければならないということです。専門職採用で一〇〇%よくなるということではないかもしれないが、児童相談所の職員は、できれば専門職採用で行われるか、それができないなら、せめて関係部署、専門領域だけの異動という形になっていってほしいと思います。〉

（「専門相談室だより」No.26、東京都児童相談センター、から要約）

これはいわば住民側からの声であるといっていい。いろんな意味で児童相談所に期待しながらも、それに対して必ずしも十分には応えてもらえないというもどかしさの表現であろう。他方、児童相談所の中からも同様の声があがる。先に紹介した津崎哲郎氏は、長年にわたって児童相談所で業務を続けてきたベテラン職員だが、一九九六年に発行された『大阪市中央児童相談所紀要』第八号の中で次のように指摘した。

〈児童相談所の業務内容の質と量を高め、多様で複雑化した住民ニーズや各種機関の期待に応えるためには、日々の児童福祉業務を担う職員の専門性の強化が必須の条件になる。しかし、高い専門性の確保は口で言うほどたやすいことではない。厚生省もかなり以前から折りにふれて専門性の強化を訴え続けてきているが、それによって全国レベルの児童相談所の強化が図られてきたかというとそうともいえない。むしろ、三〜四年のローテーションによる頻繁な異動、一般の行政事務からの突然の異動など専門性の確保とは相矛盾する事態の方が

一般的といって過言ではない。〉

〈これは、住民や各種機関が児童相談所職員によせる期待と自治体内部の行政当局者の考え方に大きくズレが生じている結果と見なすことができる。ではなぜそうなのか。一般に行政職員の人事のあり方は、職員が多くの行政分野を経験することによって幅広い知識と視野を養うことが重視されている。言葉をかえれば特定の部署に長くいることによって視野が狭まり、他の部署への適応を低下させ、かつ職場がマンネリ化して全体の士気をそこなってしまうことを防がなければならないという意識が強い。確かにこの点は重要であり、説得力を持っている。そしてそれを一概に否定することはできないが、一方で児童相談所のケースワーク業務を一般の行政事務の仕事と同じように位置づけ、均等の人事政策で対処するなら、児童相談所の提供できるサービスは、単なる事務的サービスと何ら変わらないということになりかねない。〉

〈住民が我が子の問題に困り果て、わらにもすがる思いで児童相談所の門をたたくとき、実は何らの専門性をもたない職員が相談に応じているとするならそれは詐欺にも等しい行為と言わねばならない。〉

まさに正鵠《せいこく》を得た指摘であろう。しかし、いきなり児童相談所に配置され、批判の矢面に立たされながら必死に業務に従事している職員も呻吟《しんぎん》している。こうした事態をふまえ、現場の児童相談所職員が中心となって運営する自主的な研究会である「全国児童相談研究会（児相研）」は、専門性の確保や児童相談所の深刻な人員不足の解消などを求めて、次のような一節を含む要望書を厚生省に提出する。

〈今、専門機関としての児童相談所への期待は非常に大きなものがあります。ところが一方では、人員の不足や頻繁な人事異動、一般行政事務からの突然の異動など、現場の職員の意向にも背き、専門性の確保とも相矛盾する事態の方が一般的とさえ言える状況が生じています。これらは住民の期待に応えていく上で深刻かつ重大な阻害要因になっていると言わねばならず、抜本的な改善をはかることが急務であると考えます。〉

〈児童相談所職員の専門性を重視し、慢性的な人員不足を解消して人員増をはかり、頻繁な人事異動などは制限することを要望します。〉

〈児童福祉司をはじめとする各職種の資格要件を真に業務にふさわしいものに整え、尊重し、専門性を確保することができるような任用制度に改善することを要望します。〉

（「児童相談所の現場から見た児童福祉法改正に関する要望書」一九九七年）

子どもの安全優先への転換

こうした声の高まりに対して、また児童虐待通告の急増を前にして、厚生省も手をこまぬいて見ていただけではない。まずは一九九七年の第一四〇通常国会に児童福祉法改正案を提出、その中に、児童相談所が行う措置の決定に際し、一定の場合には都道府県児童福祉審議会の意見を聴くよう盛り込んだのである。児童相談所をバックアップするとともに、児童相談所が行う援助内容の専門性を確保し、公平性を保つことなどをねらいとしたものであった。この法案は一九九七年六月に可決され、一九九八年四月から施行される。

また、同じ一九九七年の三月には、児童虐待の早期発見、早期対応を目指して、子どもや家庭に直接関わりをもつ関係者をおもな対象に、児童虐待についてわかりやすく解説した「子ども虐待防止の手引き」を発行する。

さらに同年六月には、各都道府県知事および指定都市市長に対し、厚生省児童家庭局長名で「児童虐待等に関する児童福祉法の適切な運用について」という通知を出し、子どもの福祉を最優先した積極的な取り組みを促したのであった。そこには、「児童虐待等への対応については、現行の児童福祉法(中略)において、通告義務、立入調査、一時保護、家庭裁判所への申立てなど所要の規定が設けられているが、これまで必ずしもその適切な運用が図られてこなかったきらいがある」と明記、児童相談所等が従来行ってきた虐待への対応を率直に批判していた。

そして、「本通知は、現行法の適切な運用により児童虐待等の問題への積極的な対応を図ることを趣旨として」いると断ったうえで、いくつかの留意点を挙げている。

あらためてこの通知を読み返すと、後に成立する児童虐待防止法に盛り込まれた内容もかなり含まれている。たとえば、児童虐待を発見した者に対して通告を促すこと、特に児童福祉に関係の深い職にある者へ注意を喚起していること、児童相談所に対しては、虐待を受けている児童の福祉を優先させて適切に子どもの保護を行うこと、保護者が強引に引き取りを求めてきても拒否し、毅然とした対応に努めること、立入調査の適切かつ積極的な運用、あるいは家庭裁判所への申立てなどの法的対応についても、児童の最善の利益を最優先した措置の確保に万全を期すこと、などである。

この通知は、児童相談所で業務に従事する者にとっては、インパクトのかなり強いものであった。なぜなら、従来のケースワーク、ソーシャルワークで重視していた「保護者との信頼関係」よりも「子どもの安全」を優先せよというコンセプトを打ち出すことで、児童相談所の相談援助の手法を、ある意味では大きく転換するよう求めていたからである。

「児童虐待の防止等に関する法律」の成立

いたいけな子どもの命が傷つけられ、極端な場合には死をも招いてしまう、しかもそれが、本来子どもをもっとも注意深く保護し、愛情を注ぐべき親からの暴力や育児放棄によるとしたら、これを放置してよいはずはないし、保護者と鋭く対立してでも、まずは子どもの安全を図るべきであろう。わが国において、児童虐待のこうした根本的な問題が認識されるようになったのは、ここまで見てきたように、ようやく一九九〇年代になってからといっていい。だが児童虐待への社会的関心が高まり、問題の重要性が明確になるにつれて、その解決の難しさ、困難さも次第に浮き彫りになってくる。こうした状況に対し、厚生省は、現行の児童福祉法を適切に運用することで何とか問題の解決を目指そうとしていたといっていいだろう。

だが、国民の代表者たる国会議員は、世論の動向もふまえつつ、党派を超えて何らかの立法措置が必要との判断に傾いていった。そして一九九九年一二月には、衆議院青少年問題に関する特別委員会において、「児童虐待の防止に関する件」という標題の決議を全会一致で可決する。そこには、次のような指摘がされていた。

〈児童虐待を防止するには、現代日本における家族のあり方、教育のあり方、子育て不安等根本的な問題の解決が必要とされるが、現行制度の中ででき得る限りの対策を講じ、今後早急に法制面、予算面の措置において万全を期する必要がある。〉

〈立法府は、本問題の早期解決を図るため、児童福祉法その他関連法の必要な法整備を早急

に講ずることとする。〉

こうして児童虐待の問題については、新たな法整備を行うことが大きな流れとなっていった。加えて厚生省も、二〇〇〇年四月一三日には、「昨年十二月の当委員会での御決議、さらには与党においての児童虐待問題検討会の設置など、いわばこの児童福祉法の体制では対応し切れないのではないかという御指摘を私ども大変深く重く受けとめ（中略）法的整備の問題を含めた幅広い論点につきまして、（中略）私ども真剣に検討したいというふうに考えております」と答弁、法改正へと軸足を移し、児童虐待の問題は、政府、立法府、そして実務に携わる児童相談所、さらにはさまざまな民間団体も含めて、まさに国民的な合意となっていったのである。

そして結果的には児童福祉法の改正にとどまらず、新法として「児童虐待の防止等に関する法律案」が、議員立法として国会に提出された。法案は、児童虐待の定義を明記し、児童に対する虐待の禁止を謳《うた》い、さらに児童虐待の防止に関する国および地方公共団体の責務を規定、虐待を受けた児童の保護のための措置等も定め、児童虐待の防止等に関する施策を促進することを目的として掲げていた。

二〇〇〇年五月、法案は全会一致で可決・成立し、その年の一一月二〇日、この法律は施行されたのであった。

第一章　児童虐待とは何か

児童虐待の定義

一口に児童虐待といっても、何をもって児童虐待とするのかは大変難しい。実はそのことが児童虐待への対応を困難にしている大きな要因の一つにもなっている。そこで、そもそも児童虐待とは何なのかについて、あらためて考えてみたい。まずは二〇〇〇年に成立した時点での児童虐待防止法を見てみよう。第二条は、児童虐待を次のように定義している。

第二条　この法律において、「児童虐待」とは、保護者（親権を行う者、未成年後見人その他の者で、児童を現に監護するものをいう。以下同じ。）がその監護する児童（十八歳に満たない者をいう。以下同じ。）に対し、次に掲げる行為をすることをいう。

一　児童の身体に外傷が生じ、又は生じるおそれのある暴行を加えること。

二　児童にわいせつな行為をすること又は児童をしてわいせつな行為をさせること。

三　児童の心身の正常な発達を妨げるような著しい減食又は長時間の放置その他の保護者としての監護を著しく怠ること。

四　児童に著しい心理的外傷を与える言動を行うこと。

要約すれば、児童虐待とは、まずは保護者が行う行為であること、それは身体的虐待、性的虐待、ネグレクト(養育の怠慢)、心理的虐待の四つの類型に分けられるということだ。また、続く第三条は「何人も、児童に対し、虐待をしてはならない」と明記し、虐待行為を明文で禁じている。

付け加えれば、その後二〇〇四年の法改正で、その第一条は「児童虐待が児童の人権を著しく侵害し、その心身の成長及び人格の形成に重大な影響を与えるとともに、我が国における将来の世代の育成にも懸念を及ぼす」ものであると改められ(線を引いた部分が追加された)、児童虐待は人権侵害であることを謳ったのであった。

とはいえ、虐待か否かの判断を求められる児童相談所の職員にとって、このように定義が明記されたからといって、ことはそう簡単ではない。そこで、身体的虐待とネグレクトを中心にして、児童虐待とは何かについて、もう少し突っ込んで考えてみたい。

身体的虐待

虐待の四分類のなかで最も多いのは身体的虐待だが(図1-1)、厚生労働省が通知として出している「子ども虐待対応の手引き」は、身体的虐待について、以下のようなものを例示している。

○外傷とは打撲傷、あざ(内出血)、骨折、頭蓋内出血などの頭部外傷、内臓損傷、刺傷、たばこなどによる火傷など。

○生命に危険のある暴行とは首を絞める、殴る、蹴る、投げ落とす、激しく揺さぶる、熱湯をかける、布団蒸しにする、溺れさせる、逆さ吊りにする、異物をのませる、食事を与えない、冬戸外にしめだす、縄などにより一室に拘束するなど。

○意図的に子どもを病気にさせる。

など

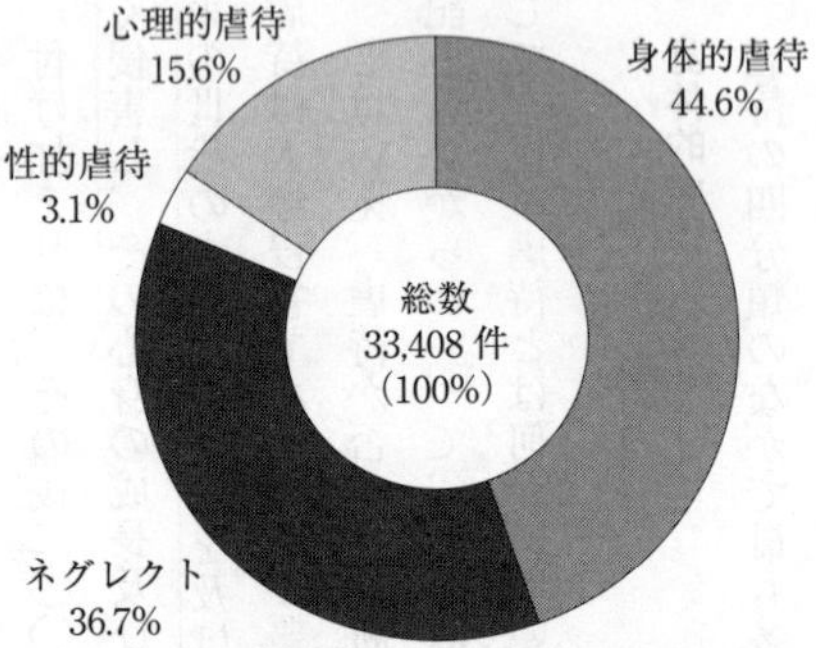

出典：厚生労働省「社会福祉行政業務報告」

図1-1　虐待の類型別割合(2004年度)

ところが、虐待をしているとして通告された子どもの保護者は、実際に怪我をしているような状況であっても、それが虐待であると、簡単には認めようとはしない。こんな経験があった。頬を殴られ、眼窩《がんか》骨折で入院手術にまで至った小学生の保護者が、よどみもなく次のように論じ立てたのだ。

「最初から叩くわけありません。勉強のことでも、本人が「がんばる」と言うので信じてやるでしょ。でもすぐに約束を破る。「今度は叩くよ」「次はこんな叩き方では済まないよ」と順を追ってやってるんです。本人だって「わかった」と言ってるし、納得しているはずです。歴史があるんです」

骨折までしているのに〝歴史がある〟と強弁するのである。これはいささか極端であるとしても、次のように主張する保護者は珍しいことではない。

「ワシの子ども時代はもっと殴られましたぜ。でも文句一つ言わなかった。悪いことをしたんやから当たり前ですわ。それでも別に非行に走ったわけでもないし、こうやってまともに暮らしていますやろ」

「暴力だ、虐待だとあんたらは言うけど、じゃあ、子どもを叩いたらすべて虐待というんですか? だったら、私らは虐待されて育ったことになります」

暴力行為は認めても、それはしつけの範囲であるという考えに、微塵《みじん》も疑いはない。

ところで、暴力を肯定するのは何も保護者ばかりではない。虐待の疑いが強いとして、警察が身柄を伴って一時保護を要請してきた中学生男児のことを紹介しよう。彼はバイクの無免許運転をして補導されたようで、保護者を呼んで連れ帰ってもらうことにした途端、大きな体格に似合わず、急にぼろぼろと泣き出したというのである。

「とにかく家には絶対に帰りたくない、親を呼ばないでほしい」

「お父さんにめちゃくちゃ殴られる。今日帰ったら、またひどい目に合う。だから今日は帰りたくない」

真剣な訴えは嘘とも思えないので、児童相談所で保護してもらい、その後の対応をお願いしたいというのが、警察の方針であった。

そこで彼と話してみると、こんなことを言う。

「僕は悪いことをした。悪い時は二、三発は殴らないとあかん。けど二、三発じゃないんだ」

子ども自身が、甘んじて暴力を受け入れるべきだと考えているのである。

しつけと虐待はどこが違うのか

「じゃあ、しつけと虐待はどこが違うのですか?」

児童虐待のことが社会的関心を呼ぶようになってから、こんな質問をよく受ける。この点をもう少し突っ込んで考えるため、「しつけと虐待」というキーワードで地方自治体のホームページを検索してみた。と、どうであろう、自治体によって内容が全く違っているのである。

「虐待としつけは全く違う」という主張がある一方、「しつけと虐待の境界は非常に微妙」と表明するところもあって、驚きを禁じ得ない。

まずは「しつけと虐待は違う」という論調から紹介していこう。たとえば熊本市は、「市政だよりくまもと」二〇〇五年一二月号で特集を組み、「しつけと虐待は違います！」と述べている。ただし、どのように違うかの説明はないから、そんなことはいうまでもないと考えているのだろう。

次は大阪府堺市教育委員会が二〇〇五年三月に発行した「子育てメッセージ6」だ。そこでは、「子どもへの虐待は力の強い大人が力の弱い子どもに対して、支配的に扱い、服従させようとする行為です」「これに対し、しつけは、子どもとの信頼感の中で、子どもの欲求を十分に聞いた上で「どうすればよかったかなあ」「こんな時はどうしたらいいと思う」など自尊心を傷つけないように社会のルールやマナーを伝え、人との協調的・協力的関係などを育み、社会的な自立を促していきます」と説明したうえで、最後に「このように虐待としつけは全く違います」と明記する。

さらに、千葉県柏市インターネット男女共同参画推進センターは、「子どもの人権――児童虐待について」という欄を設け、「しつけと虐待は違います。しつけは、日常生活の中で子どもと会話を通して、必要な情報・知識・技能・社会のルールを教え、物事を解決していく力、自制心を育てるようにすることです。虐待は、子どもの人権を無視し、さまざまな場面で感情だけで偶然ではなく継続的に、子どもの心や身体に傷をつけてしまう行為です」と、違いを強調している。

次に、しつけと虐待は違うといいながら、ニュアンスの違う表現が見られるものを紹介しよう。

福島県保健福祉部が立ち上げている「福島県 うつくしま子育て支援ホームページ」を覗いてみると、「子どもの虐待Q＆A」の欄に「しつけと虐待の違いはどのように区別するのですか」という質問項目がある。それに対しては「子どもの虐待は家庭におけるしつけとは明確に異なり、親権や親の懲戒権によって正当化されるものではありません」と回答しているのだが、同時に、「しかし、実際上は限られた情報の中でしつけと虐待の区別を判断することは大変難しい問題が伴います」と述べ、明確に異なっているはずの区別が大変難しいというのである。

少し古いが、二〇〇二年六月号の「広報よこはま」(No. 640)も、このテーマを扱っていた。そこでは、「しつけがしっかり身についたよい子に育って欲しいと熱望して、口うるさくなったり、理解できないなら体で覚えさせてもよいのではないかと思ってしまう。ここから少しエスカレートすると虐待領域です。しつけと虐待の境界は非常に微妙です」と述べつつ、「しかし、この境界を明確に分ける指標はあります」と指摘、「それは子どもの人権の視点です」と結論づけている。

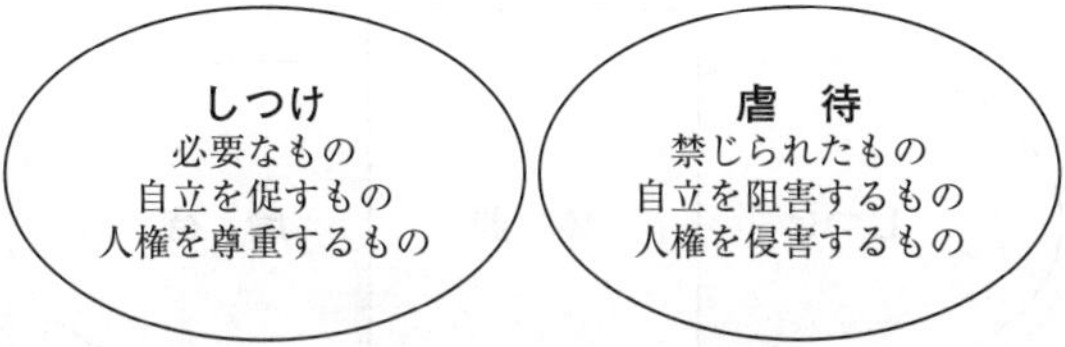

図1-2　しつけと虐待を分けて考える

考えてみれば、しつけは子育てにおいて必要とされるものであり、虐待は明確に禁じられている行為だ。しつけは子どもの自立を促し、虐待は子どもの心や身体を傷つけ、自立を阻害する。子どもを信頼し、人権を尊重するのがしつけだとしたら、子どもを支配し、人権を侵害するのが虐待である。しつけと虐待は、本来は図1－2のように交わるはずがないといえよう。

にもかかわらず、その区別は難しいという論調も多い。たとえば宮城県多賀城市役所のホームページ。「虐待から子どもを守るために」という欄で、「よく「しつけと虐待はどう違うの」「どの程度から虐待なの」という話を耳にしますが、明快な結論は出ていません」と記し、「子どもの視点になって考えれば、明快な結論にこだわる必要はいりません」と述べているのである。

もう一つ紹介したい。青森県弘前児童相談所が開設しているホームページだ。そこでは「どの程度から虐待になるの？」という項目を立てて、「虐待かどうかのこだわりは不要！」と回答、次のように説明している。「わたしたちは「子どもが不適切な扱いを受けている」と感じても、保

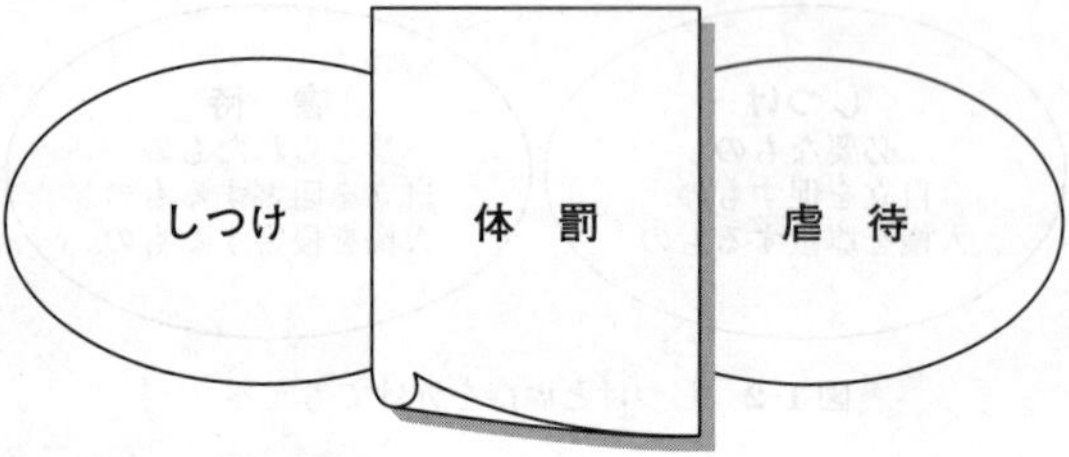

図 1-3　しつけ，虐待と体罰の関係

護者たちは「これはしつけだ」とよく言います。このときに、「しつけだ」いや「虐待だ」と論じたり、どちらかに区別することにこだわることはあまり意味がありません」「ここでは、「子どもの心身を傷つけ、健やかな成長・発達を損なう行為」、「大人の子どもへの不適切な関わり」は、「すべて広い意味で虐待といえる」と子どもの側に立って考えていく必要があります」というのだ。

個人的な意見ならばいざ知らず、同じ地方公共団体である県や市のホームページで、正反対とさえいえるような表現の違いが現れるのはなぜだろうか。

思うに、「しつけ」と「虐待」という図柄を眺めるだけではその秘密は解けはしない。それを解くにはもう一枚のカードが必要だ。私はそれを「体罰」カードだと考える。

つまり、「しつけ」と「虐待」の境界領域に、図1－3のように「体罰」カードが割り込んでくると、明らかに別ものであるはずの「しつけ」と「虐待」の区別がつかなくなってしまうのである。

だから、「体罰」カードを置いた状態（図1－3）で考える自治体は、しつけと虐待の区別に「明確な結論は出ていません」と表現せざるを得ないのだし、このカードをはずして、本来明瞭にあるはずの境界(図１－２)にのみ着目している自治体は、「虐待としつけは全く違います」と断言できるのである。

体罰を考える

では、体罰についてはどう考えればいいのだろうか。それを考えるため、私が実施したささやかなアンケートを紹介してみたい。

社会福祉を学ぶために通信制大学のスクーリングにやって来た学生(といってもその多くはすでに社会人として福祉や医療関係の業務に従事している人たちだが)に対して、私は児童虐待防止法が施行される直前の二〇〇〇年夏と、それからちょうど五年後の改正児童虐待防止法施行後の二〇〇五年夏に、機会を得て以下の質問を行った。

質問は、もうずいぶん前に東京都の児童福祉施設職員に対して行われたアンケート調査を利用し、その一部を改変して作ったもので、次のような内容である。

体罰についてのあなたの考えを、以下のA～Eの中から選んで、【　　】内に記入してください。

・児童福祉施設においては【　　】である。

・家庭内においては【　　】である。

A　体罰はいかなる場合もよくない

B　体罰はよくないが、やむを得ない場合もある

C　体罰は、限度を超えないようにすれば、効果的な手段である

D　体罰は指導上、妥当とは言えないが効果的な手段である

E　その他

アンケートに答えてくれたのは、二〇〇〇年が一〇〇名、二〇〇五年は九四名で、性別では女性が多い(二〇〇〇年六割、二〇〇五年では八割を超えている)。年齢的には二十代が最も多く(二〇〇〇年では五割を超え、二〇〇五年でも四割近い)、次いで三十代、四十代となっている。職業では福祉関係者が多く(二〇〇〇年は全体の三割、二〇〇五年では四割)、医療関係者がそれに次いで

いる。

こういった構成メンバーでのアンケート調査であるため、決してわが国の一般的な傾向を示すとはいいがたいが、むしろしつけや体罰などに対して関心の高い層であるとも考えられる。

では、その結果はどうであったろうか。表1-1を見ていただきたい。

児童福祉施設での体罰については、全面否定する意見がいずれも過半数を占め、二〇〇五年は二〇〇〇年に比較して増加もしているが、家庭内において「A 体罰はいかなる場合もよくない」と答えた人の割合はいずれも少数で、二〇〇〇年が全体の約四分の一強、二〇〇五年はやや増加したとはいえ、やはり三分の一に満たない。最も多いのは「B 体罰はよくないが、やむを得ない場合もある」という消極的肯定意見で、二〇〇〇年、二〇〇五年ともほぼ半数に達している。

また、体罰を「効果的な手段」として、いくぶんでも積極的に肯定していると思われる以下の二つの項目「C 体罰は、限度を超えないようにすれば、効果的な手段である」「D 体罰は指導上、妥当とは言えないが効果的な手段である」を合計すると、二〇〇〇年では二二%、二〇〇五年で

表1-1 体罰についてのアンケート結果

児童福祉施設においては

	A	B	C	D	E
2000年	57%	32%	0%	7%	4%
2005年	69%	23%	4%	2%	1%

家庭内においては

	A	B	C	D	E
2000年	26%	48%	14%	8%	4%
2005年	31%	49%	10%	8%	2%

注：四捨五入しているため，必ずしも合計が100% にならない場合がある．

も一八%となっており、児童福祉施設の場合と比較すると、いずれも約三倍になっている。これは規模の非常に小さなアンケートであり、統計的な意味はほとんどないかもしれない。しかし私はこの結果を見て、わが国はまだまだ体罰を容認する風土が根強いのだと考える。

以下に、各人の自由記述をいくつか紹介してみよう。「上記の答えを選択した理由、また体罰についての意見を、あなたご自身の体験も思い浮かべながら、自由に述べてください」という質問に対する回答である。

まず、体罰を否定する意見から。

○私自身、両親から体罰を受けた記憶がありません。それは当たり前のことかもしれませんが、誇りに思い、やはり、いかなる場合も暴力はよくないと考えます。

○してはいけないことを繰り返すと、母親から〝お尻ペンペン〟の体罰をされました。お尻を叩かれてビービー泣いている中でギャンギャン言われても、わけわからんかったことが多く、叩かれたことしか覚えていません。人間には考える力があります。対話する力があります。教育のための体罰は苦痛でしかなく、暴力です。教育のためといって体罰を認めることは暴力を認めることなので、体罰には反対です。

○罰と誤りを正すことは別のもので、罰を与えられるから悪いことをしないというのは受け身の論理でしかない。体罰を与えたくなる心理は理解できるが、それを正当化する人は理解できない。
○体罰はもっとも簡単で安易な方法だ。
○体罰で一時的に、あるいは人前でだけ収まったとして、果たして意味があるだろうか。
○八つ当たりで三歳の息子にモノを投げてしまった。その時から子どもは情緒不安定になった。
○私は子どもの頃、体罰を受けて育っている。ある一時期だが、親への反抗から全く言うことを聞かない私に対して、父は体罰という名の暴力を振るい続けた。原因は私が引き起こすのだから〝お仕置き〟なのだが、〝力でしつけは絶対にできないと思う。私がいい例だ。
○人間は生きていくうえで、自分の思うようにいかないことも多々ある。そのストレスを、弱者である子どもに対する体罰という行動で発散してしまう親も中にはいる、しつけという言い訳で。
○〝愛を持った体罰〟。でもその愛はゆがんだものかもしれません。

しかし体罰を肯定する意見は多い。しかもそれらの多くは、体罰否定の意見と同様、自らの体験に裏付けられたものであり、ある意味では確信に満ちているといってもいい。

○人は身体で痛みを知るからこそ人の痛みもわかるのだ。
○心の通った体罰は賛成です。
○叱られて当然のことをして頬を叩かれた時、頬は痛かったけど心は痛くなかった。
○根底に親として子どもに深い愛情を持っていたら、その時は理解できなくとも、後々にはわかってくれるはずだ。
○今の社会は、子どもの頭を叩いただけですぐに「体罰、体罰」と言い、体罰を絶対にしてはいけない犯罪のように言う風潮があるが、私はそうは思わない。私も幼い頃、親や学校、塾の先生に叩かれたことがあるが、一度もそれを恨んだことはない。それは私が悪いことをしたからであり、それまでに何度も口で注意されていながら、その約束やきまりを破ってしまったからだ。何度言ってもきかなかったり、約束を守らなかった場合には、最終的な手段として体罰を行うことは必要だと思う。
○親が子どもを叩かない家ほど、教師が手を挙げるとすぐ体罰だと騒ぐのではないか。
○体罰は決してよいことではない。ただ、罰として手を出すのではない、心からわかってほしいと望んであらわれた渾身《こんしん》の表現として叩いてしまうことはあると思う。私自身、そうしてもらったことによって、目が覚めた経験があるからだ。

○私自身も先生や親からもひっぱたかれて成長した人間です。おかげで人の痛みもわかるようになりました。体罰を受けないで、犯罪もなく目立った悪いところもなく、大変立派に育ったという人を、私は今まで見たことも聞いたこともありません。
○一度も体に加えられる暴力の痛みがわからない、知らない子が、相手の苦しみ加減がわかっていくのであろうか疑問である。
○体罰を推奨するものではないが、しつけ上、必要なときは絶対あると思う。

これらの意見に、読者はどんな感想をお持ちになるだろうか。体罰否定と体罰肯定、それぞれの立場の間にある溝は、私は簡単には埋められないと感じてしまう。

児童虐待のエッセンス

もちろん、体罰イコール虐待というわけではないだろう。少し別の角度から考えてみたい。

一九九八年に出版された『児童虐待への介入——その制度と法』(吉田恒雄、尚学社)を読むと、小児科医の坂井聖二氏が、児童虐待の定義に関して次のように述べている。

「子どもの虐待という概念の本質は、加害者の動機・行為の質にあるのではない。「子どもが安全でない」という状況判断がそのエッセンスである」

だが、氏は次のようにも述べる。

「児童虐待の定義のもう一つのエッセンスは、「あるコミュニティの中で最低限要求される育児行動の範囲を逸脱したもの」というものである」

児童相談所の現場で児童虐待と向き合いながら、私はこの二つのエッセンスについて、いつも考え続けてきた。というのも、仮に坂井氏のいう「あるコミュニティの中で最低限要求される育児行動の範囲を逸脱したもの」が、児童虐待のエッセンスであるとしたら、社会にこれだけ根強く残っている体罰および体罰肯定の考え方がある限り、しつけや愛のムチであると主張される暴力を、私たちも毅然として否定することは難しくなるからだ。

ただし、「子ども虐待対応の手引き」には、以下のような一節がある。

〈個別事例において虐待であるかどうかの判断は、児童虐待防止法の定義に基づき行われるのは当然であるが、子どもの状況、保護者の状況、生活環境等から総合的に判断するべきである。その際留意すべきは子どもの側に立って判断すべきであるということである。

虐待を判断するに当たっては、以下のような考え方が有効であろう。

「虐待の定義はあくまで子ども側の定義であり、親の意図とは無関係です。その子が嫌いだから、憎いから、意図的にするから、虐待と言うのではありません。親はいくら一生懸命であっても、その子をかわいいと思っていても、子ども側にとって有害な行為であれば虐待なのです。我々がその行為を親の意図で判断するのではなく、子どもにとって有害かどうかで判断するように視点を変えなければなりません。」〈小林美智子、一九九四〉

このフレーズを読む限り、厚生労働省は、坂井氏の指摘する「子どもの虐待という概念の本質は、加害者の動機・行為の質にあるのではない。「子どもが安全でない」という状況判断がそのエッセンスである」という点にポイントを置いているといっていいだろう。

ではこれで問題は整理されたのか。

懲戒権の是非

実はまだ難しい問題が残されている。それが「懲戒権」だ。懲戒権は親権の一つに数えられるものだが、わが国においては、その親権がことのほか強大だといわれている。事実、親権の具体的内容を見ていくと、懲戒権のほか、監護および教育の権利義務、居所の指定、職業の許可、財産の管理など幅広い。

ではその中の懲戒権とはどのようなものだろうか。民法第八二二条第一項を見ると、次のように規定されている。すなわち、「親権を行う者は、必要な範囲内で自らその子を懲戒し、又は家庭裁判所の許可を得て、これを懲戒場に入れることができる」

ただし、「懲戒場」などというものは、現在のわが国には存在しない。だからこの条文の半ばは意味をなさないのだが、しかし親権者が子どもを懲戒する権限を有していることは間違いなく、その中には体罰も含まれる。この点に関しては、法務省民事局長が国会で答弁しているので、それを引用しておこう。

〈民法は、親権者が必要な範囲内でみずからその子を懲戒することができるものとしております。これは、親権者が、子の監護上、子の非行や過ちを矯正し、それを指導するために必要かつ相当な範囲内で子に対して一定の措置をとることを認めたものでございまして、これらの立法趣旨としては、子の監護教育のために必要かつ合理的なものであるというふうに考えられるわけでございます。〉

〈その限界が問題でございますが、この懲戒には体罰も場合によっては含まれるわけですが、それが子の監護上必要かつ相当なものとされるかどうかは、その社会の、時代の健全な常識により判断されるべきものでございます。〉

（衆議院青少年問題に関する特別委員会、二〇〇〇年四月一三日）

親権者には、民法上も、場合により体罰が許されていることがおわかりいただけたと思う。だが、そうなるとしつけと虐待との区別はあいまいになってしまう。そこで、児童虐待への対応を任されている児童相談所は、全国所長会が行ったアンケートなどもふまえ、「懲戒権を廃止することにより、しつけに名をかりた虐待を抑止する必要がある」との意見があることを国会の場で表明したのであった。

とはいえ、懲戒権の廃止はそんなにたやすいことではない。民事局長は、先の発言に続けて次のようにも述べているのである。

〈懲戒権を今度は民法上一般的に廃止するべきではないかという御意見があることは私どもも承知しておりますが、これは民法上全部廃止してしまいますと、親が子のために行う正当なしつけもできないということになりかねないわけでございまして、これは我が国の家族制度のあり方にも大きな影響を及ぼすものでございます。この問題については、そういう家族制度に大きな影響があるものですから、これも慎重に御検討していただきたいなというふうに思っております。〉

こうして、結果的に懲戒権は現在に至るまでそのままの形で残される。児童虐待防止法では、これらの議論をふまえ、第一四条に「親権の行使に関する配慮等」という項目を設け、以下のような条文が盛り込まれることとなった。

①児童の親権を行う者は、児童のしつけに際して、その適切な行使に配慮しなければならない。

②児童の親権を行う者は、児童虐待に係る暴行罪、傷害罪その他の犯罪について、当該児童の親権を行う者であることを理由として、その責めを免れることはない。

ここまでを整理すると、わが国には、今日時点でも体罰を許容する国民感情が根強く残っており、かつ法律的にも、体罰を含む懲戒権は「子の監護教育のために必要かつ合理的なもの」「全部廃止してしまいますと、親が子のために行う正当なしつけもできないということになりかねない」として存続している一方、児童虐待については、「親はいくら一生懸命であっても、その子をかわいいと思っていても、子ども側にとって有害な行為であれば虐待」という立場に立っているといえる。

ここには、明文化はされていないものの、家庭内の体罰・暴力に対する社会の規範意識において微妙な二重基準がある、と私は考える。換言すれば、これは児童虐待とは何かについての社会的な合意形成が未だできていないことを示しているといえよう。それは児童相談所の実務においても、陰に陽に困難さをもたらす要因になっているのである。

ネグレクトとは

次に、養育放棄や保護の怠慢、いわゆる「ネグレクト」について考えてみたい。身体的虐待に次いで多いのがこのネグレクトである(二四頁の図1-1)。では、ネグレクトとはいったいどのようなものを指すのであろうか。児童虐待防止法のネグレクトに関する定義(第二条第三号)は、二〇〇四年の同法改正により新たな内容が付け加えられたが(「保護者以外の同居人による前二号又は次号に掲げる行為と同様の行為の放置」)、これについては後ほど述べることとして、再度「子ども虐待対応の手引き」を見てみよう。そこでは、次のようなものをネグレクトとして例示している。

○子どもの健康・安全への配慮を怠っているなど。

例えば、

(1) 家に閉じこめる(子どもの意思に反して学校等に登校させない)、

(2) 重大な病気になっても病院に連れて行かない、

(3) 乳幼児を家に残したまま度々外出する、
(4) 乳幼児を車の中に放置するなど。
○子どもにとって必要な情緒的欲求に応えていない(愛情遮断など)。
○食事、衣服、住居などが極端に不適切で、健康状態を損なうほどの無関心・怠慢など。
例えば、
(1) 適切な食事を与えない、
(2) 下着など長期間ひどく不潔なままにする、
(3) 極端に不潔な環境の中で生活をさせるなど。
○親がパチンコに熱中している間、乳幼児を自動車の中に放置し、熱中症で子どもが死亡したり、誘拐されたり、乳幼児だけを家に残して火災で子どもが焼死したりする事件も、ネグレクトという虐待の結果であることに留意すべきである。
○子どもを遺棄する。
○祖父母、きょうだい、保護者の恋人などの同居人がア、イ又はエに掲げる行為(引用者注=身体的虐待、性的虐待、心理的虐待)と同様の行為を行っているにもかかわらず、それを放置する。
など

こんな例があった。小学校四年女児についての学校からの通告だ。

「生活の様子ですが、はっきり言って服は着た切り雀、見かねた担任が替わりの服を用意してやったこともあります。でもその服だと母が叱るんですね。そこで今は学校で洗濯し、洗ったものをその日のうちに乾かして着せて帰すような対応をしています。それと心配なのが食事です。登校すれば給食もありますが、連休など、ほとんど食べものを口にしない状況で家に放置されていたのではないでしょうか」

衣食住のすべてが危機的な状況にあると判断して強制的な立入調査を実施したのだが、部屋に入って驚いた。聞きしにまさるとはこういう状態をいうのであろう。台所には大きなゴミ袋が十数個もころがっており、使ったまま放置された食器が乱雑に積まれた流し台は使用不能、子ども部屋も、中央部にはマットレスや焦げて使えなくなったテレビ、ガラクタ類が盛り上がっているため、室内を移動するのも困難という有様だったのである。

ネグレクト状態が深刻になると、ときおり新聞で報道されるように、食事を与えられず餓死してしまう場合もあるし、低年齢だと、留守番をさせられている間に外に飛び出して交通事故等に遭う危険性もある。後で述べる大阪府岸和田市での事件を例に出すまでもなく、まさに命に直結するような事態に陥りかねないのがネグレクトであるといっていい。

とはいうものの、何がネグレクトに当たるのかは、身体的虐待と同様、十分な合意があるとはいいがたい。そのことは国会に参考人として呼ばれた広岡智子氏（子どもの虐待防止センター理事）の発言にも示されている。氏は次のように言う。

〈今お母さんをする人たちは以前母親をしたときよりもずっと厳しい定義の中にさらされているんだよという話をあえてしております。それは、特にネグレクトの部分で……、例えば、スーパーマーケットに行って子どもをベビーカーの中に置いたまま二階に行ったり、車の中に放置したままいなくなる、これは不注意ではなくて虐待である。〉

（衆議院青少年問題に関する特別委員会、二〇〇〇年三月二三日）

ところが、氏は次のように続けるのである。

〈まだこれについてはなかなか一般には、お母さんたちは受け入れがたいものがあるみたいです。〉

この発言のことを考えながら、ふと記憶の端に引っかかるものがあった。そこで、ある時、押入の中をひっくり返していくと……。

「あった！　あったやないか」

出てきたのは、絵本『はじめてのおるすばん』（しみず　みちを作、山本まつ子絵、岩崎書店、一九七二年）だ。何しろ、毎夜欠かさず二〇年以上もわが子に〈本の読み聞かせ〉を続けていた私は、絵本一冊に至るまで捨てがたく、すべて残してある。そんななかで思い出したのが、二〇年ほども前に買ったこの本なのだ。

〈みほちゃんが、あったかい　へやで
こぐまちゃんに　えほんを
よんであげていると、
「みほちゃん」
って、ままが　よびました。
「なあに」
「ね、みほちゃんに　できるかしら」

「なにが？」

「ひとりで　おるすばん」

「うん　できるよ。くまちゃんと　いっしょだもん」

「ああ　よかった。きゅうに　ごようができたの。すぐ　かえるから　おねがいね」

「うん　いいよ」

ことし　三つの　みほちゃんは　はじめて　おるすばんを　することになりました。〉

物語はこうして始まり、郵便配達員、新聞の集金人らの来訪に怯《おび》えながら、けなげに母の帰りを待つみほちゃんの姿を描いている。

「それにしても、三歳で留守番という設定はどうやろ」

気にしはじめると、たとえば「留守宅で子どもが焼死」といったニュースがやたら目についてしまうのだ。いくつか紹介してみよう。

「孫を預かっていた祖父母の外出中、火災で四歳女児が焼死」（二〇〇五年一二月二二日夜、埼玉）

「母が仕事で不在中、アパート火災で留守番の三歳男児死亡」（二〇〇六年一月一日夕、岐阜）

「民家火災　三歳女児が死亡。中一姉も重症。両親の外出中」（同年二月一〇日夜、広島）

「両親が買い物で外出中の火事、三歳と一歳の姉弟が焼死」(同年三月一八日昼、大阪)
「火事で焼け跡から五歳男児の遺体。母は仕事で留守」(同年三月二二日夜、栃木)
「朝火事で五歳と三歳の兄妹死亡。母は新聞配達で不在」(同年四月七日朝、兵庫)
「両親共働きで留守中に出火、七歳、四歳、一歳の三兄妹死亡」(同年五月二六日夕、大阪)

どうだろう、留守番で幼児が焼死する事件は毎月のように発生しているのである。実際、私自身も火事で焼け出されたきょうだいを一時保護した経験がある。母が入院したため、小二の兄が学校を休んで四歳の妹をみていたのだが、父の帰宅が遅くなった三日目の夜、火が出たのである。そんなことをぼんやり考えていると、妻が声を掛けてきた。

「珍しい本を持ち出して、どうしたの?」
「いや、ひょっとしたらこれはネグレクト推奨絵本かもしれんと思ってな……」

途端に妻の顔色が変わった。

「誰がそんなことを言ってるの?」
「いや、別に誰も……。ちょっと自分で考えてみただけや……」
「そんなこと言うんだったら、うちでも虐待してたよ。熱が出た時、「一人で寝てるのよ」って小学校を休ませたことなんて、いくらでもある。あなたは「忙しい」と言ってさっさと出かけるやろ。私だって仕事の都合がつかない時はある。子どもも図書館から本をいっぱい借りておとなしく読んでいたじゃない」

「……」

返す言葉がなかったが、この絵本の編集者も同意見であった。思い切って、こんな夫婦のやりとりを出版社にメールで送ってみたところ、それに対して、ていねいな返信が戻ってきたのである。

「私は「はじめてのおるすばん」の実務を担当した者ですが、この絵本を〝ネグレクト推奨絵本かも〟とおっしゃられて、とても驚いております。自分自身、子どもを育てながら仕事を続けてきた者のひとりとして奥様の反応に心から共感し、そこに答えの半ばが出ているように思いました。

現状では、子どもだけを置いて出かけざるをえない場合があるのは事実です。それを〝虐待〟と言われてしまったら、どこの親も立つ瀬がなくなり、子育てができなくなってしまうのではないでしょうか」

おそらく、読者の中にもネグレクトに関する私のこんな問題提起を訝《いぶか》しく思う方も多いのではないだろうか。ところがこの絵本のことを、カナダ（オンタリオ州）在住の知人に話したところ、「カナダではこの絵本は発行できません」と、きっぱり言われてしまったのである。彼の発言に驚いた私は、絵本の実物をカナダに送り、彼を通じて現地の人々の意見を聞いてもらう

ことにした。すると、

「この本を出版すること自体はもちろん違法ではない」

「ただし、オンタリオ州およびカナダの他の州でも、三歳の子どもを一人で家においておくことは法律で禁止されているため、これを出版する会社が見つからないだろう」

「仮に出版されたとしても、今度は本屋が取り扱わないだろう」

おおかた、こんな反応だったという。ただし実際にカナダで児童福祉のケアを受けている若者たちは(彼らの多くは外国生まれの移民だという)、少し違った印象を持ったという。というのも、彼らは出身国のアフリカやカリブで、三歳の子どもを家に置いて出かけることがあるのを知っているのである。

「そんなこともあって、この絵本に対しては寛容だった」

と知人は連絡してきたものの、最後に彼らのこんな発言を紹介してくれた。

「たとえ国によって文化が異なったとしても、三歳の子どもが一人で家に置かれるべきではない。これは文化の違いを超えている」

「親がどうしても家を空ける必要があるのなら、近所に子どもを見てもらうよう頼むべきだ」

聞くところによると、カナダでは一二歳未満の児童だけで留守番したり放置されることは法律上許されないとのこと。

ここで改めて坂井聖二氏の指摘するエッセンスを振り返ってみたい。

「子どもの虐待という概念の本質は、加害者の動機・行為の質にあるのではない。「子どもが安全でない」という状況判断がそのエッセンスである」

このように考えれば、先に述べた火災の例などは、すべてネグレクトにあたるというべきであろう。だが、「児童虐待の定義のもう一つのエッセンスは、「あるコミュニティの基準の中で最低限親に要求される育児行動の範囲を逸脱したもの」というものである」という立場に立てば、絵本の編集者もいうように、わが国で子どもに留守番をさせる家庭は多く、それらをすべて〃虐待〃と決めつけることは酷だといわざるを得ない。こう考えていくと、何を以て虐待とするかについては、身体的虐待の場合と同様、やはり社会的な合意が必要だ。

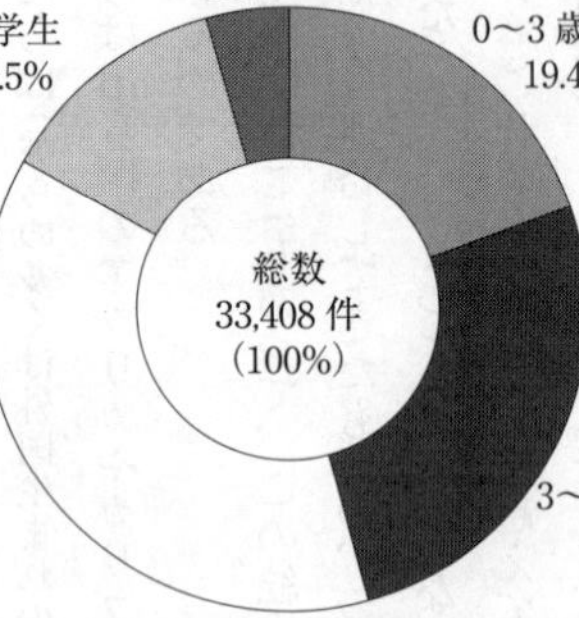

出典：厚生労働省「社会福祉行政業務報告」

図1-4　虐待相談の年齢構成(2004年度)

なお、図1－4に「虐待相談の年齢構成」を示してみた。就学前の児童が半数近くを占めているが、同じ行為であっても年齢によっては、それが虐待にあたる場合とそうでない場合がある。換言すれば、虐待の内容は年齢によっても違ってくる。ひとつひとつの事例が虐待に当たるか否かを判断し、必要に応じて子どもの適切な保護をはかることを求められている児童相談所は、やはり難しい判断を求められているというほかないのである。

性的虐待について

ここまで、おもに身体的虐待とネグレクトを中心に見てきたが、児童虐待はそれらに限られるわけではない。そこで、他の種類の虐待についても触れておこう。心理的虐待については後述するので、ここでは性的虐待について概観する。

すでに述べたように、法律上の定義は「児童にわいせつな行為をすること又は児童をしてわいせつな行為をさせること」(児童虐待防止法、第二条第二号)となっているが、「子ども虐待対応の手引き」ではもう少し具体的に述べられている。以下がその内容だ。

○子どもへの性交、性的暴行、性的行為の強要・教唆など。
○性器を触る又は触らせるなどの性的暴力、性的行為の強要・教唆など。
○性器や性交を見せる。
○ポルノグラフィーの被写体などに子どもを強要する。

など

ともすれば家庭内でもタブー視される「性」に関わることもあって、性的虐待は、他の虐待と比べて発見そのものがたいへん難しいという特徴がある。おそらくは、表面に出ないまま葬り去られているものも多いのではないだろうか。事実、ある調査では、性的虐待が始まってから発見されるまでに平均二年を要し、なおかつ発見のきっかけは、他の虐待のように誰かが通告するというのではなく、過半数は被害を受けている子ども自らが打ち明けて初めてわかるという結果も出ているのである(岡本正子、渡辺治子、前川桜他「実態調査からみる児童期性的虐待の現状と課題」『子どもの虐待とネグレクト』第六巻二号)。

しかも保護者が真っ向から否定することも稀ではない。

「そんなことあり得ない」

「やってない」

私自身も、父をかばう母や加害者と目される内縁男性などからこんな言葉を投げつけられたことがあるが、身体的虐待などと違って具体的証拠も示せない場合が多く、対応には困難さがつきまとう。

こうした事情も手伝ってか、わが国では性的虐待の比率は虐待通告全体の約三%程度にとどまっている(二四頁の図1－1)。現在はまだ社会的な関心も十分とはいえないが、今後大きなテーマになっていくと思われるのが性的虐待である。

戦前にもあった児童虐待防止法

さて、児童虐待の定義は、社会状況によって、また国によって少しずつ違うことは理解していただけたと思う。それをふまえたうえで改めてわが国の歴史を振り返ってみると、実は戦前、すでに「児童虐待防止法」が存在していたのである。制定されたのは一九三三年四月一日、施行はその年の一〇月一日であった。残念ながらこの法律に児童虐待の定義は示されていないが、法律制定の背景ならば、ある程度わかる。

この時期に児童問題で話題となったのは、身売り、欠食、児童虐待などであった。たとえば青森県での婦女子身売り状況は、一九三二年二四一七人、三三年四九五六人、三四年七〇八三人で、その多くは一八歳未満であったという。また欠食に関しては、一九三一年から三二年にかけての内務省社会局の報告「小学校児童欠食状況」によれば、全国で四万八一〇二人にのぼっているというのである。

では児童虐待の状況はどうだったか。この時代に先立つ一九一〇年八月から一九一五年二月までの間の四年半に新聞報道された児童虐待による死亡事件は一一六件とのことであり、一九三〇年から三一年の内務省社会局調査では、一四歳未満の被虐待児を八一一名（そのうち保護者が検事局送検されたのは一二八名）と発表している。また、一九三〇年八月一日から一〇日までの一〇日間に危険な諸芸（曲馬、軽業、曲芸等）に従事させられた児童は二〇三名、一九三一年八月一日から一〇日までの一〇日間で公衆の観覧に供せられた児童（当時の表現で不具・畸形）は一五名、一九三一年八月一日時点で乞食をなす者四六五名とのことであった。

こうした諸情勢をふまえ、「児童に対する各種の虐待を未然に防止すると共に被虐待児童に対し保護救済の途を講じてその健全なる成長を遂げることは人道上の問題だけでなく国家将来にも大切である。おりしも社会事情の変遷に伴い児童に対する虐待事実は漸次増加し其の性質も亦《また》著しく残忍過酷となる傾向がある。それまでは、民法の中の親権者の虐待による親権喪失の制裁があるだけで虐待行為の積極的防止及び被虐待児童に対しては、なんら保護救済の方法がなかったので、人道的にも国家的にも憂慮すべき実状にあった。被虐待児童の保護救済の見地からわが国児童保護法制の完璧を期するため制定された」（「児童虐待防止法」質疑応答、社会局保護課）とされている。

この法律は、戦後の一九四七年、児童福祉法が成立すると同時に廃止されたが、その趣旨自体は、児童福祉法第三四条に継承されたのであった。ちなみに同条は次のような内容となっている。

第三四条　①何人も、次に掲げる行為をしてはならない。
一　身体に障害又は形態上の異常がある児童を公衆の観覧に供する行為
二　児童にこじきをさせ、又は児童を利用してこじきをする行為
三　公衆の娯楽を目的として、満十五歳に満たない児童にかるわざ又は曲馬をさせる行為
四　満十五歳に満たない児童に戸々について、又は道路その他これに準ずる場所で歌謡、遊芸その他の演技を業務としてさせる行為　（以下略）

要するに戦前の児童虐待防止法は、社会的貧困が児童に重くしわ寄せされている状態をこれ以上放置するわけにはいかない、ということが背景にあったと考えていい。同じ児童虐待といっても、今回制定された児童虐待防止法の定義と比較すれば明らかなように、現在とは大きく異なっていたのである。

児童虐待の定義を改定

以上をふまえれば、児童虐待の定義が社会情勢の変化によって、あるいは政策上の方針等が変わることによって変化していくことは当然のことといえるであろう。実際二〇〇〇年に成立

した児童虐待防止法は二〇〇四年に改正されたが、早くも第二条の定義に若干の変更が加えられた。以下にその内容を示す。線を引いた部分が、新たに付け加えられた箇所である。

三　児童の心身の正常な発達を妨げるような著しい減食又は長時間の放置、保護者以外の同居人による前二号又は次号に掲げる行為と同様の行為の放置その他の保護者としての監護を著しく怠ること。

四　児童に対する著しい暴言又は著しく拒絶的な対応、児童が同居する家庭における配偶者に対する暴力（配偶者（婚姻の届出をしていないが、事実上婚姻関係と同様の事情にある者を含む。）の身体に対する不法な攻撃であって生命又は身体に危害を及ぼすもの及びこれに準ずる心身に有害な影響を及ぼす言動をいう。）その他の児童に著しい心理的外傷を与える言動を行うこと。

簡単に見ておこう。まず第三号のネグレクトの項目。すでに述べたように、児童虐待はあくまでも保護者が行う行為とされている。実はこの点については異論がないわけではない。たとえば作家であり虐待防止トレーナーでもある森田ゆり氏は、衆議院青少年問題に関する特別委員会（二〇〇〇年四月二〇日）で参考人として次のように発言した。

森田参考人　（中略）定義の中で、親または養育者からの何々行為というふうに限定をつけるのはやめてほしいと思うのです。とりわけ性的な虐待、余り語られていないようなんですけれども、性的な虐待というのは最も表面化してこない虐待です。ですから、厚生省の調査なんかでも非常に数は少ないですけれども、水面下にある数というのはかなりの数であるはずで、これからどんどん出てくるはずです。（中略）性的虐待というのは、親からだけではなくて、お兄さん、お兄さんの友達、親戚のおじさん、親の雇用主、親の知人、クラブのコーチ、それからおけいこごとの先生、そういういろいろな子供の身の周りにいる人たちから、子供たちは性的な虐待を受けています。もちろん親からの場合もありますが、虐待の定義が親または養育者からというふうに限定されてしまうと、性的虐待には対応できなくなります。

実際に私たちのもとに寄せられる児童虐待の通告も、性的虐待に限らず、交際中の男性や内縁の夫などによる暴力、虐待は枚挙にいとまがない。ところが厳密にいえば、同居人は保護者ではないため、それらは児童虐待防止法でいうところの児童虐待とはいえないのである。そこで、同居人の虐待行為が続く場合は、それを放置したり見逃している保護者が、ネグレクトという児童虐待を行っていることになると明記したのが、二〇〇四年の改正であった。

心理的虐待

次に心理的虐待についてふれておきたい。児童虐待防止法第二条第四号は改正前、単に「児童に著しい心理的外傷を与える言動を行うこと」とされていたのだけれど（五八頁参照）、そこに夫婦間暴力の目撃も心理的虐待にあたることを例示したのである。したがって「子ども虐待対応の手引き」も、心理的虐待の具体的な内容について一部を改め、以下のように整理された。

○ことばによる脅かし、脅迫など。
○子どもを無視したり、拒否的な態度を示すことなど。
○子どもの心を傷つけることを繰り返し言う。
○子どもの自尊心を傷つけるような言動など。
○他のきょうだいとは著しく差別的な扱いをする。
○子どもの面前で配偶者やその他の家族などに対し暴力をふるう。
など

二〇〇四年の改正は、ＤＶ（ドメスティックバイオレンス）に対する社会的関心が高まってくるなか、そこで生活する子どもたちにも注目すべきとの認識が深まってきたことの反映であろう。

夫婦間に激しい暴力があり、その状態を日常的に目撃している子どもは、確かに強い心理的外傷を受けてしまう。だからこれを児童虐待として明示したわけであるが、補足すると、たとえばＤＶがあって母子で逃げてきたところへ、当の父親がやって来て、「子どもに会わせろ」「わしは子どもは殴ってない」などと主張したとき、このような法改正があれば、「あなたがやっている行為は心理的虐待にあたる」と説明でき、子どもの安全を守るためには役に立つ。こうした改正も、この間の取り組みの教訓として出されたものである。

子育ての風土を変革する運動

とはいえ、二〇〇四年の改正で児童虐待の定義が完全に定まったわけではない。むしろ今後も社会の変化とともに定義が変わっていくことは間違いないだろう。ただし、私たち児童相談所職員は、その時々に法律で定められた定義をふまえて対応するしかない。

「法律では、「児童の身体に外傷が生じ、又は生じるおそれのある暴行」を児童虐待と明記しています。お父さんがどんなお気持ちであったかはともかく、怪我をするとか、あるいは怪我をしてしまいかねないような体罰は、児童虐待と言わざるを得ないんです」

「事情はおありでしょうが、こんな小さなお子さんを、まして夜間に一人で置いて出かけるのは困ります。暴力をふるっていなくても、こうしたことも児童虐待にあたるんですよ」

児童相談所がこのように説明し、具体的に養育方法を改めてもらうことは、角度を変えれば、社会の中に根強く残っている体罰・暴力に寛容な子育て観、あるいはネグレクトに対する許容的な風土を、その土台から変えていく大きな運動であるかもしれない、私はそのようにも思う。

第二章　虐待はなぜ起きるのか

虐待するのは誰か

図2－1を見ていただければわかるように、主たる虐待者のうち六割以上を占めているのは実母である。ただし、虐待するのはどこの世界でも母親が多いかというと、必ずしもそうではない。たとえば、わが国と同じように児童虐待件数が急増している韓国では、逆に父親が最も多く、全体の六割を超えているという。児童虐待は、おそらくはその国の文化や風土と密接に関連し、それらを反映するのであろう。

では、わが国におけるこの数値をどう考えればいいのか。

児童虐待とは直接関係しないものの、二〇〇六年六月、注目される調査結果が発表された。国立社会保障・人口問題研究所が、二〇〇三年に全国約一万四〇〇〇世帯の既婚女性を対象に行った全国家庭動向調査がそれである。七七七一人が回答したこの調査では、「妻がフルタイムで働いていても夫の二割はまったく家事をしていない」「一歳未満の子どもがいる家庭で、育児のほとんどを妻任せにしている夫が八割を超える」「育児や教育について主に決定するのが妻という家庭は五〇・五％なのに対し、夫が決定する家庭は三・四％」「二〇歳代の妻の夫の二一・六％、三〇歳代の妻の夫の二五％が午後一〇時以降に帰宅しており、いずれも五年前の前回調査より五ポイント近く増加」といった結果が示されたのだが、これを素直に受けとめるなら、父親は育児に参加するどころか、子どもと接する時間そのものが限られているといえよう。これでは父親は、虐待してしまいそうな場面に遭遇する機会すらないのであり、その分、子育てを一身に任されている母親が主たる虐待者とならざるを得まい。図2-1のような数値の背景には、こうした事情があることも見落としてはならないのである。

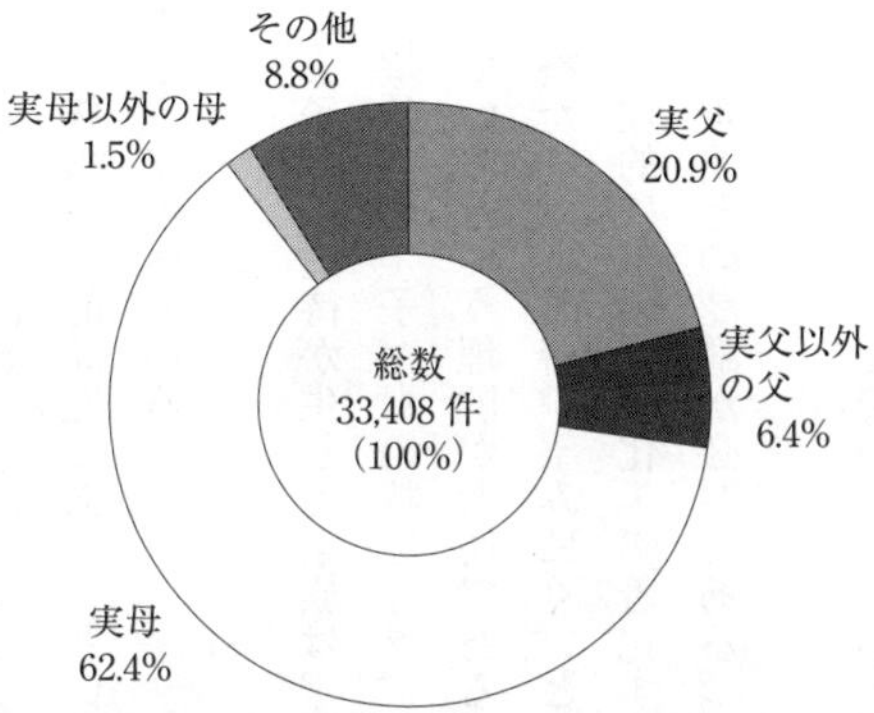

図2-1　主たる虐待者の内訳(2004年度)

虐待を引き起こす四つの要素

「それにしても、自分の子どもを虐待するなんて信じられない」

「いったい、どうして子どもの虐待は起こるんでしょうか」

児童虐待の通告件数がうなぎのぼりに急増し、深刻な虐待事件が報道されて社会問題になってくると、素朴な疑問として、可愛いはずの子ども、ましてわが子を虐待する理由がわからないという声が生まれてくる。これに対してはさまざまな答えが用意されているが、よく言われるのは、「児童虐待は家族の構造的問題である」ということだ。厚生労働省の「子ども虐待対応の手引き」は、次のように述べている。

〈子ども虐待が生じる家族は、保護者の性格、経済、就労、夫婦関係、住居、近隣関係、医療的課題、子どもの特性等々、実に多様な問題が複合、連鎖的に作用し、構造的背景を伴っているという理解が大切である。したがって、単なる一時的な助言や注意、あるいは経過観察だけでは改善が望みにくいということを常に意識しておかなければならない。放置すれば循環的に事態が悪化・膠着《こうちゃく》化するのが通常であり、積極的介入型の援助を展開していくことが重要との認識が必要である。〉

ではどのような構造、要因が児童虐待を生じさせるのであろうか。「子ども虐待対応の手引き」は、二一世紀初頭における母子保健の国民運動計画「「健やか親子21」検討会報告書」(二〇〇〇年一一月)から、以下の部分を抜粋して説明している。

〈児童虐待の研究から、虐待では、(1)多くの親は子ども時代に大人から愛情を受けていなかったこと、⑵生活にストレス（経済不安や夫婦不和や育児負担など）が積み重なって危機的状況にあること、⑶社会的に孤立化し、援助者がいないこと、⑷親にとって意に沿わない子（望まぬ妊娠・愛着形成阻害・育てにくい子など）であること、の四つの要素が揃っていることが指摘されている。〉

ここで指摘されている四つの要素は、児童虐待の要因としてかなり妥当性が高い、と私自身は考えている。これらの要素について、それぞれ具体的な事例を交えながら検討してみたい。

過去の傷に苦しむ親たち

「お母さんが手を切った。すぐ来てください」

電話の向こうから涙声で訴えるのは、まだ小学校二年生の女の子だ。

「あなたは大丈夫なの？」

「大丈夫」

「お母さんの具合はどう？」

こんなやりとりをしていると、母が直接電話に出てきた。

「傷が深いというのではありません。ただ……」

何やら事情があるようだが、電話では詳しい話もできない。

「これからお宅を訪問します。夜間ですが、必ず行くので安心して待っていてください」

こう伝えて家庭訪問した時は、すでに午後一一時をまわっていた。

この家族は小二の妹と小四の兄、それに母を加えた母子三人の世帯。以前から母親が、「虐待してしまいそう！」と訴えてきていたため、私たちが関わっていたのである。

訪問すると、電話してきた妹はすでに寝入っていた。傍《かたわ》らでは、母が大きな声で何やら兄に指示している。さりげなく様子をうかがうと、くずかごには血の付いたティッシュが捨てられ、食卓には使い捨ての安全剃刀《かみそり》が無造作に置かれている。傷はその剃刀によるものらしく、母は手首に包帯を巻いているが、心配するような怪我ではなさそうで、まずはひと安心する。

「私も努力しているんです。興奮すると子どもに当たることもありますが、でも親子三人だけですし、何とかいい関係で過ごそうと思ってやってきました。明日は妹の誕生日で、プレゼントを買ってあげる約束をしていました。でもスーパーの仕事はお給料も少ないですし、そのうえ、児童扶養手当の現況届を出すのを忘れていて、支給が遅れると聞かされたんです。それでパニックになった。「自分はこんなことにも頭がまわらないのか」と思うと情けなくて気持ちが収まらない。手当は遅れても受け取れるから、何も慌てることはないんですけど、自分はだめな人間やと思ったらどうにもしようがないんです」

「自分は無能、生きる価値がないという気分になって手を切ってしまった。死ぬつもりじゃなくて、血を流すと痛みも感じられ、ああ私も生きているんやと思うことができるんです」

訪問すると、待ってましたとばかりに、母は次々と苦労や苦しみを訴えてくる。ところが、途中で兄が一言口を挟む。

「お母さんが好きで切ったんやろ」

もう慣れっこになっているのか、兄のほうはしらっとしていて、ある意味では容赦がない。こんな一言にも、母は冷静さを失いかけるのだが、ともかく母が納得するまで話に耳を傾け、何とか落ち着いたところで面接を切り上げる。時計を見ると、とっくに午前様だ。

こうして突発的な訴えに対応しつつ、時には母の休息もかねて子どもたちの一時保護も行い、相談を継続していったのであるが、私たちが配慮を求められたのは、ともすれば自分を卑下してしまう母の思考方法であった。母自身が、私たちにだけでなく、子どもに対してもついつい「自分はだめな親だ」と嘆くので、子どもがそれを真似してしまう。

「だめ親」

「だめ親が帰ってきた」

子どもが悪気もなくこんなことを口にするので、最初は我慢していても、そのうち耐えられなくなって興奮し、ものを投げつけたり叩いてしまう。あるいは母も負けずに、「だめっ子」

などと言い返してしまう。

だがよくよく聞いてみると、母自身が幼少の頃からひどい仕打ちを受け、自分の親から満足に愛情もかけてもらえず、自己イメージの悪さをかかえて大人になったのであった。しかもなお現在に至るまで、その親から「おまえが子どもを育てるなんてできっこない」「しつけができてないじゃないか」などと非難され続けているというのである。

「もうだめです。もう持ちません。子どもを預かってください」

母の苦しい胸の内がわかれば、私たちも求めに応じて休日深夜、時間を問わず家庭訪問をし、状況を見ながら子どもの保護を図らざるを得ないのであった。

被害者から加害者へ

「『健やか親子21』検討会報告書」は「多くの親は子ども時代に大人から愛情を受けていなかったこと」を児童虐待の要因の一つとしてあげている。

この母親も、経済的なストレスに加え、当の子どもから「だめ親」などと言われれば、過去に受けた心理的な傷は昨日のことのように疼《うず》き、冷静さを失ってしまうのであろう。しかも、大人になって子育てをするようになった現在も、自分の親から否定的なメッセージを受け続けているというのである。我を忘れて子どもに暴力をふるってしまうのもわからぬではないし、それがまた自分を責める材料になる。悲しい悪循環というほかない。「子ども虐待対応の手引き」が「単なる一時的な助言や注意、あるいは経過観察だけでは改善が望みにくい」と指摘しているのは、児童虐待というのが、こうした根深い問題を持つからにほかならない。

ところで私は、虐待の被害者がこうして加害者に転化する、まさにその瞬間を目撃した。というといささか大げさだが、それに近い体験をしたことがある。

父親から激しい暴力を受け、学校も休みがち、万引きや空き巣を繰り返すようになった中学生男児の相談のひとこまである。虐待と非行が重なり合うような状況を放置するわけにもいかず、家庭訪問した時のことだ。二階から降りてきた彼は、父親の前だからなのか、以前に会った時以上にかしこまっており、表情も固く、緊張していた。見ると、父に叩かれたのであろう、すねのあたりに数センチ、出血の跡が残っている。

「また児童相談所に来てもらうつもりだから」

挨拶程度にとどめて彼との面接を終えたのだが、ここで思わぬ状況が出現した。たった今まで極度の緊張で縮こまっていた彼が、二階に上がった途端、突然自分の妹を大きな声で怒鳴りつけたのである。一階と二階の彼の態度のあまりの落差。それは、虐待といわざるを得ないような体罰を受ける小さな被害者としての彼と、その父から確実に学び、父の態度を自分の中に取り込んでいく彼の両方を、まざまざと見せつけられた一瞬だ、と私は感じたのであった。

いずれにせよ、生育史の中で体験した出来事が、めぐりめぐって新たな虐待の火種になる、つまり〈虐待の世代間連鎖〉が生じ得るということは、現場にいてもしばしば感じることだ。いうなれば、過去が現在をおびやかすのである。

ただし敢えていえば、児童虐待の要素として「多くの親は子ども時代に大人から愛情を受けていなかった」とのみ表現するのは必ずしも正確ではない、と私は考えている。というのも、先の母親の例でもわかるように、彼女を苦しめているのは、幼少時の過酷な体験もさることながら、それ以上に、現在もなお過去の体験にとらわれ、未だそこから自由になれないという現実なのだ。換言すれば、過去の被害体験が適切にケアされているならば、もう少し違った子育てもできたのではないかと思えるのである。

アメリカの神学者、倫理学者ラインホールド・ニーバーが、一九三四年の夏に説教したとき、ある祈りを唱えたという。それが知らず知らずのうちに第二次世界大戦に従軍する兵士に広まり、戦後になると、今度はアルコール依存症患者の断酒会のメンバーの目に留まった。幼少時に虐待を受け、今なおその過去の傷を疼かせ、子育てに苦しむ親たちをみると、ついつい私は、その祈りを思い出す。

神よ、

変えることのできるものについて、
それを変えるだけの勇気《カレイジ》をわれらに与えたまえ。
変えることのできないものについては、
それを受けいれるだけの冷静さ《セレニティ》を与えたまえ。
そして、
変えることのできるものと、変えることのできないものとを、
識別する知恵《ウイズダム》を与えたまえ。

ラインホールド・ニーバー

（大木英夫『終末論的考察』中央公論社、一九七〇年、に収載）

過去の事実は動かしがたくとも、だからといって〈虐待の世代間連鎖〉を運命のように決め込んで諦める必要はない。たった今からでも変えられるものはあるはずだし、そのための努力はきっと実を結ぶ、と私は信じたい。この言葉は、今では〈平安の祈り〉として、わが国でもさまざまな自助グループで唱えられているという。

炎天下に放り出された少女

折しも真夏の真っ盛り、八月上旬の昼下がりであった。

「三、四歳の女の子が、お昼の一二時頃からすでに二時間ぐらい、アパートの外に放り出されて泣き続けています。叱っているのはお祖父《じい》ちゃんなんですが、「もっと泣け、もっと泣け」という声も聞こえてきます。ええ、今も中に入れてもらえていません。それで心配になって電話したんです」

「かわいそうですし、思いあまってジュースを買ってやったんですよ。でも、「かまってくれるな!」と言われてしまって……」

日曜日のことではあったが、幼児が炎天下に放り出されたままだというのだから、放置するわけにもいかない。すぐに駆けつけることにした。とはいえ休日のこと、自宅から現地に行き着くまでには時間がかかってしまい、私たちが到着した時は、子どもは何とか家の中に入れてもらっていたのであった。

「でも、中に入れてもらう頃は、何だかぐったりしているようでした」

「この季節ですから、脱水症状にでもなっていないか心配です」

住民からはこんな声があがる。虐待の加害者として通報されたのは、アパートで一人暮らしをする五十がらみの男性であった。一体そんな男性がどうして虐待者になってしまったのか。

よく聞いてみると、彼は長い入院期間を終えて退院してきたばかりだという。ところがアパートに戻ってみると、大家から家賃の滞納を厳しく咎《とが》められる。

「一年以上の滞納だ。このままでは出て行ってもらうしかないですな」

「あなたは生活保護を受けているんでしょ。聞けば、保護費の中には家賃もちゃんと含まれているというじゃないですか。福祉で受け取っているのにそれを払わないなら、これは立派な詐欺ですよ」

退院早々に転居を約束させられた彼は、引っ越しの手伝いに娘を呼んだのである。その娘に子どもがいた。彼の孫である。ところが離婚したばかりという娘にも事情があったのだろう、孫を置いたまま外出してしまう。

カンカン照りの真夏日、病み上がりの身体、経済的困窮、アパートの追い立て、狭い住居にクーラーもない室内、勝手に出て行って戻らぬ娘、押しつけられた孫……。これではイライラも頂点に達せざるを得ない。思わず孫に八つ当たりし、些細なことで叱りつけ、外に放り出したのだろう、私たちはそこへ登場したのであった。

「ごめんください」

声をかけると、寝転がっていた年配の男性がむっくり起きだしてこちらを見る。

「あんたら、誰です？」

「児童相談所から寄せていただきました」

「ああ、あれはしつけです。もう帰ってください」

一言返答しただけで、再び向こうむきに横になってしまう。

「お子さんにも会わせて……」

「私は親じゃありません。身内です」

「ともかく、ご本人に……」

「帰ってください。これ以上そこに居てもらうと、また機嫌が悪くなりますわ」

寝転んだまま、不機嫌そうな口調で対応する。

「ちょっとあがらせてもらっていいですか」

「断ります。帰ってください」

まともに応じる気配はないけれど、私たちもこのまますごすご引き下がるわけにはいかない。

「子どもさんの安全を確認しなければなりません。児童相談所にはその義務があるんです」

「顔を見たいと言ってるから、ほら!」

これ以上抵抗するのも煩わしいと感じたのだろう、彼は突然、ふすまの奥に向かってしゃべりはじめる。祖父の命令口調に、女の子が顔を出した。見たところ、衰弱していたり怪我をしている様子はなかったため、私たちも、いったんその場を引き上げることにしたのであった。

ストレスが高める虐待のリスク

虐待の危険性を増す要素の二番目として挙げられているのは、「生活にストレス（経済不安や夫婦不和や育児負担など）が積み重なって危機的状況にある」ということだ。第一の要素として指摘されたのが過去の問題だとしたら、これはいわば、現在の問題といっていいだろう。過去と現在が重なり合い、競い合うようにして虐待のリスクを高めるのである。むろんここで示した事例は、保護者ではない人物による行為だから、厳密にいえば児童虐待防止法でいうところの児童虐待ではあるまい。しかし親が子どもを虐待してしまう心情をよく表しているように、私は思う。

この祖父に限らず、生活上のストレスが高じれば誰だってイライラするし、何かに八つ当たりしたくもなる。そのとき、攻撃の矛先が一番弱い者へ向かうのはよくあることだ。特に子どもを私物化するような風潮が残っている場合、この傾向は助長される。

「もう耐えられません、子どもを虐待してしまいそうなんです」

「それでしたらお母さん、しばらくの間、お子さんをお預かりしましょうか」

「……」

こんな形で時間を問わず電話してくる母親がいた。ところがよく聞いていくと、母親自身が日常的に夫の暴力にさらされているのである。DVの被害者が、夫から逃れる決心もつかずストレスをため込み、ついついその葛藤を子どもに向けてしまうという構造だ。

あるいは経済的困難もストレスの大きな要因だろう。しかも図2－2を見ればわかるように、生活保護の被保護世帯数は近年増加の一途を辿っており、貧困層が広がっている。家庭の経済的な土台が揺らげば、そこで暮らす子どもたちにとってもさまざまな影響が現れる。子どものことに手が回らなくなればネグレクト状態も出現するし、食べることさえままならない状況に追いやられた幼な子が万引きし、親から暴力をふるわれるという例、あるいは親自身が窃盗をはたらいたり、ストレスを解消するため覚醒剤に手を染める、ひどい場合には親が子どもに万引きさせるような例さえあった。これらも明らかに不適切な養育、児童虐待といえるだろう。

こうして考えていくと、児童虐待をなくすには、たとえ遠回りであっても、貧困対策や雇用拡充に向けた積極的な取り組み、福祉施策の充実など、国民の誰もが安心して生活できる社会の実現が是非とも必要だといえるのである。

論点が少し逸れてしまったようだ。話を先へ進めよう。

閉ざされた世界で起こったこと

栄養失調の既往歴を有する一歳半の幼児がいた。ところが保護者は、関係機関の関わりに拒

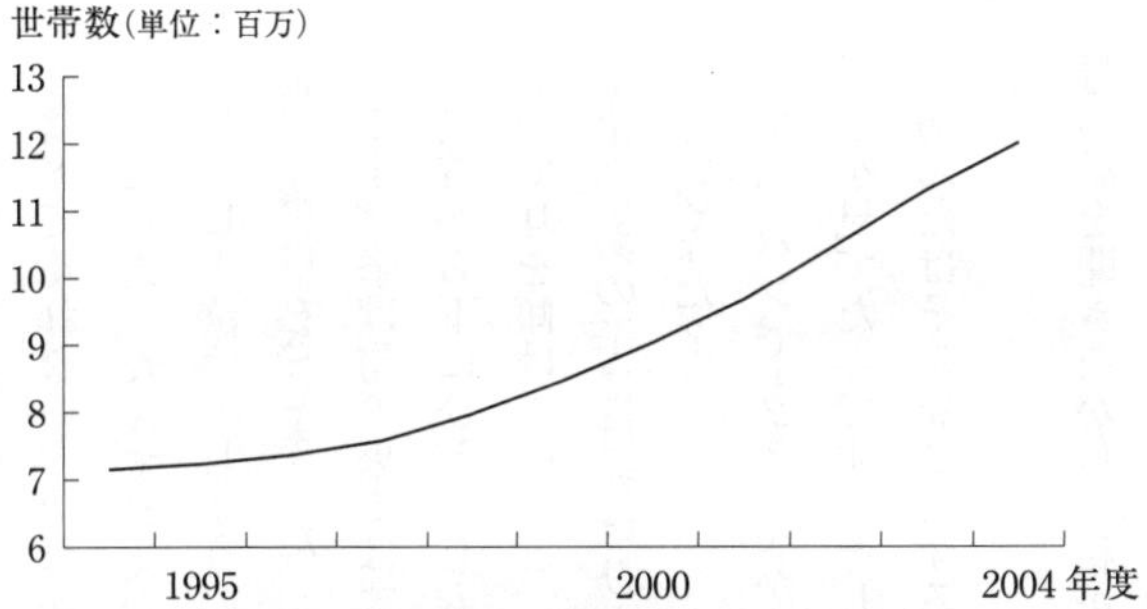

出典：厚生労働省「社会福祉行政業務報告」

図 2-2 生活保護の被保護世帯数の推移

否的で、なかなか会うこともできない。心配した保健師が家庭訪問するだけでも家族は激しく抗議する。

「ごめんください。私はこの地域を担当する保健師なんですが……」

「何のご用ですか?」

「あのう、お子さんのご様子が……」

「お構いなく! どういった手違いでしょうね? いっさい構わないでほしいと申し上げたはずですが」

「でも……」

「とにかく巡回訪問や相談はお断りいたします。今後いっさい連絡しないでください!」

こんな調子で、家庭内で何が起こっているのか、誰もがつかめない状況が続いた末に、今度は頭蓋骨骨折で緊急入院してしまう。虐待の疑いが強いということで通告を受け、あれこれ苦心した末にやっと実現した面接で、母が口を開いた。

「今心配なことは、しゃべらないことです。それに、もうスプーンで食べる時期だと思うけれど食べてくれない。それから歩かないことも心配です。犬がいたりすると、「〝ワンワン〟と言ってごらん」なんて教えたけど、ちっとも言いません。〝マンマ〟も言わそうとしましたけど、ピーピー泣いてしまうのでくたびれてしまいます」

「歩く稽古もさせました。おじいちゃんも協力してくれました。けど肥《こ》えへんし、へっぴりごしです。挙げ句の果ては二時間も三時間もうそ泣きするんです。ちょうど冬場のことだったので足首から下にひどいしもやけができてしまって……」

黙って耳を傾けていると、母はこんなことを言い出してくる。

「先生、あの子にはかげひなたがあるんです」

「かげひなた?」

「ええ、パンでもみんながいるところでは食べません。いっぺん隠れて、こっそり隣の部屋で様子を見てたんです。そしたら五分ほどして急にパクパク食べ出しました。腹が立って「なんであんたはそんなことするの!」と叱ったら泣き出してしまいました。ほんまに情けなくて……」

母の話を聞きながら、私が痛切に感じたのは、この母、この家族のあまりの知識のなさ、無知であった。一歳の子どもに「かげひなたがある」と真面目に考えて悩んだり、まだその時期に達してもいないのに、寒さの中を何時間も歩く稽古をさせ、しもやけを生じさせるといったエピソードは、幼い子どもにすれば悲劇であったろう。密室の中、家族も否認し、本人も証言できない状況では断定できないとしても、こうした延長線上に頭蓋骨骨折という事実がある、と考えるのは自然なことだ。

ところで、この知識のなさの背景に何があるかを考えると、家族が社会から孤立してしまっていたことを挙げねばならない。その後の長い経過を経て、最後は私の家庭訪問を歓迎してくれたのだが、実際に訪問してみると、自宅は新興住宅街の一角に建っていた。彼らはもともとこの地に住んでいたわけではなく、他から流入し、近隣との付き合いも避けるようにして、自分たちだけでささやかに暮らしを営んでいたのである。

確かに隠したい事情もあったのだろうと、後になればわかるのだが、自分たちのことがすべて暴かれてしまうのではないかと危惧したからなのか、通常であれば正しい知識や援助を期待できる保健所などの行政機関に対しても必要以上に警戒心を抱き、自ら関係を閉ざすことで、ますます社会から隔絶されてしまったのである。

結果的には、母親との面接を経た後で子どもの発達検査、心理診断を実施し、その結果をきちんと伝えることができた頃から、この家族と私たちとの関係は良好となり、援助も軌道に乗っていったのであった。

孤立する家族

児童虐待の第三番目の要素は、「社会的に孤立化し、援助者がいないこと」だ。

「最近、ちっとも言うことを聞いてくれないの。困ってしまうわ」

「三歳だから、ちょうど反抗期になってきたのよ」

保育所の保護者が集まったとき、あるいは近くの子育てサークルなどで知り合った保護者同士が、こんな会話をすることはよくあることだろう。

「言葉が遅いんだけど……」

「個人差があるでしょう、うちの子はもっと遅かったよ」

こんな一言で、たいがいの不安は解消する。しかし、まだ気がかりということになると、時には実家の母に電話し、四方山《よもやま》話のようにして子どもの様子を話してみたり、あるいは検診などの場を利用して専門家に相談すればよい。

ところが、何らかの事情でこうしたかかわりを拒否してしまうと、いとも簡単にコミュニケーションが途絶えてしまうのが、現代社会の特徴である。従来の地域共同体が崩壊し、プライバシーを尊重することが是とされる社会では、良くも悪くもお節介がしにくいため、ごくごく当たり前のような情報さえも、彼ら家族には届かない。

『「家族」をつくる――養育里親という生き方』（村田和木、中公新書ラクレ、二〇〇五年）に、次のような一節があった。ある養育里親（直井友之さん）へのインタビューだ。

〈実親と関わることで、虐待の意外な原因を知ることもある。乳幼児二人を家に置き去りにしてパチンコに夢中になっていた母親は、「子ども用の食事をどう作ったらいいのか、わからなかった」と涙ぐみながら打ち明けた。友之さんは「自分の子どもを生むまで、赤ちゃんに触ったこともないという女性が増えています。子どもを生んだからといって、すぐに育てられるわけがない。子育てとは先輩から教わるもの。一人じゃできません」と話す。〉

子どもを放ったらかしにしてパチンコに明け暮れるけしからぬ母親、と非難するのは簡単だが、ここで登場する母親が、どうやって食事を作ればいいのか本当にわからなかったということは、十分あり得ることだと私は考える。子どもは家族だけが、ましてや母親だけが育てるのではないし、もともと地域社会の中で育っていたはずである。だから社会から切り離されてしまうと、さまざまな悪影響が生じるのはやむを得ないだろう。しかも現代社会は、孤立化を進行させる要因が多い。児童虐待は、そうして孤立してしまった家族における最も否定的な現象ではないかと思うのである。

悪循環の果てに

「ぼくなあ、知ってるで、あの海水浴場。去年行ったもん」

「ぼく、行ったことあるよね、先生」

もうずいぶん以前のことになるが、私が勤務する児童相談所では、集団に馴染めずさまざまな症状を示す小学生を対象に、夏休みを利用して療育キャンプを実施していた。当時は業務にもまだまだ余裕があり、職員総出で取り組んだものだが、要は子どもたちに遊びきってもらうという企画である。いわば子どもの持っている自然治癒力を信頼し、その中で子ども自身が自ら変化していくことを期待する、そんなねらいを持った取り組みだった。事実、参加した子どもたちの多くは、どこかしら芯が太くなり、その後の学校生活、集団生活で自信を持って臨めるようになっていくのであった。

事業は毎年実施していたが、プログラムが与えるインパクト、子どもたちが味わう新鮮な感動などを考慮し、「もう一度行きたい」という希望があっても、基本的には一回きりの参加を原則としていた。ただし問題の根が深かったり、抱えている課題が大きい子どももいて、例外的に再度参加させた場合もある。冒頭の発言は、そんな事情で前年に引き続いてやって来た子どもが話した言葉である。それに他の子が反発した。

「それがどうした」

「うるさい、おまえなんか、あっちへ行け」

メンバーのこんなやりとりを見ていてわかったことがある。集団生活にうまくとけ込めない彼は、何とか仲間にいれてほしいため、ことさら注意を引く行動をとるのである。しかしその場の雰囲気や相手の気分に合っていないため、かえって嫌われてしまう。そこで彼は、さらにしつこく自分の体験をアピールするのだけれど、わくわくどきどきしている初参加メンバーにとっては、それこそが鼻持ちならぬ態度であり、許せない。ところが彼は、反発されればされるほどますます声高に叫んで自ら孤立を招き、悪循環に陥ってしまう。

児童虐待される子どもを見ていると、親子の間で似たような悪循環が、しばしば起こっているような気がしてならない。ただし圧倒的な力の差があるため、被害を受けるのは常に子どもである。


〈虐待された子どもたちは素直に甘えが表現できず、情緒面でのコントロールも悪い。また、大人の気持ちを逆撫でするような言動に出ることもある。要するに内面と外に表す行動に大きなギャップが見られる。そのため、保護者から「扱いにくい嫌な子だ」と評価され、更に虐待が繰り返されるという悪循環に陥っている場合がある。

愛情を持って育てられていないため、自分自身に対して自信が持てない、周囲の人に注目してもらうためにはどのような態度を取るべきか分からない、そのようなことから来る不安定な行動のため、周囲の人たちからも理解されず、益々嫌われ、孤立してしまいがちになる。〉

「子ども虐待対応の手引き」は、このように述べているが、この章で紹介した事例を、もう一度思い起こしてみよう。

「だめ親」

「だめ親が帰ってきた」

これは子どもの発言。

「歩く稽古もさせました。おじいちゃんも協力してくれました。けど肥えへんし、へっぴりごしです。挙げ句の果ては二時間も三時間もうそ泣きするんです」

こちらは母親の発言だ。

「先生、あの子にはかげひなたがあるんです」

考えてみれば、そうでなくとも受け止めかねるようなストレスをかかえて四苦八苦している保護者にとって、子どもが思いどおりにならなければ、それが爆発してしまうのもやむを得ないことなのだろう。

意に沿わない子

「親にとって意に沿わない子（望まぬ妊娠・愛着形成阻害・育てにくい子など）であること」というのが、「『健やか親子21』検討会報告書」があげた、児童虐待の第四番目のリスク要因である。だが、「意に沿わない」というのは文字どおり主観的なものだ。

「弟の貯金箱からお金を盗み出したのかい？　お母さんがすごく怒ったみたいだね」

「……」

「これまでのこともあるし、どうだろう、不安はあるかもしれないけれど、来週にでも一時保護所に来てくれないかな」

身勝手で極端な叱り方をする母と暮らす中学一年の男児である。

「運動会が済んでからにして」

「そのほうがいいんだね」

「あっ、やっぱり来週からでいい」

「えっ、本当？」

「そのほうがいい」

彼が最初に返答したとき、私ががっかりしたような表情でもしたのかどうか、それはもうわからないが、彼は自分の気持ちや考えを表現するのでなく、いつでも相手の意向に合わせようとする。しかし私が本当に願ったのは、一時保護という提案に対して、彼が心底ではどう思っているのか、率直に話してもらうことだった。顔色をうかがい、相手に調子を合わせること、それが家族の中で冷遇されている彼の生きる術《すべ》なのだろうけれど、実はこのような態度がまた、母の意に沿わず、逆に神経を逆なでしてしまう。悪循環はこんな形でも生まれ、子どもは虐待の渦中にはまりこんでしまう。

「健やか親子21」は、意に沿わぬ子の例として、「望まぬ妊娠・愛着形成阻害・育てにくい子など」を例示している。障害があったり病気がちだったりすると、確かにそれだけで子育てもたいへんだし、望まぬ妊娠による出産などでは、子どもの存在そのものが受け入れられないという事態も発生する。このような状況が、虐待の発生リスクを大きくするということは言を待たないだろう。

が、私の感覚でいえば、そうした子どもだけでなく、もっとさまざまな子どもが「意に沿わぬ子」の範疇《はんちゅう》に入るような気がしてならない。

「食事のことだって、学校から給食を食べるのが遅いと言われていたので悩んでいたんです。御飯の一杯目は最低一〇分間で食べるように言って、時間を計りました。本人も「わかっている」と言うけれど、ぼうっとしてなかなか食べない。何回注意しても聞けないならたたかざるを得ないでしょ！」

楽しい団欒《だんらん》となるはずの食事に時計を持ち出して時間を計ったりすれば、かえって食べられなくなると思うのだが、そんなことは考え及ばぬ母親であった。

「夕食の食べ方が汚いので、腹が立って殴った」

これは、交際中の女性の長男（四歳）の頭などを殴って意識不明の重体にさせた男性の供述だ（共同通信ホームページ、二〇〇五年一二月六日付）。やはり生後四カ月の乳児を殴り重傷を負わせたとして逮捕された父親も、次のように供述する。

「泣きやまなかったから殴った」（『毎日新聞』二〇〇六年二月二二日付）

これらを見ればわかるように、子どもの些細な行動が、保護者をいたく刺激するのである。しかし仮にそうだとすると、保護者の主観だからやむを得ないとして済ませるわけにはいかない。食べる時間が遅いとか、食べ方が汚い、あるいは乳児が泣くといったことは、多くの子どもに現れるごく当たり前の姿であろう。それが理解できず、また理解する機会さえもないことが児童虐待につながっていくとしたら、子育てをする保護者に対して、折に触れて子どものことが正しく理解できるよう働きかけることが是非とも必要だし、発達障害や愛着形成に問題があるような子どもであれば、なおさらそうした取り組みが必要となる。

このように考えると、意に沿わぬ子という第四番目の要素は、実は「社会的に孤立化し、援助者がいないこと」という第三番目の要素ともつながっているということが仄見《ほのみ》えてくる。だからこそ、これら「四つの要素が揃っている」ことが相互に影響しあって虐待のリスクが高まると指摘されているのではないだろうか。私はそのように考えている。

以上、児童虐待はなぜ起こるのかについて見てきたが、さまざまな要素が複雑に絡みながら、児童虐待の構造にはまりこんでしまう保護者の実態が浮かび上がってくる。虐待が起こる要因は決して単純ではなく、単に親を責めるだけでは到底解決には至らないのである。

角度を変えて言おう。児童虐待の加害者となってしまう保護者は、これ以上ないというほどの苦しみ、困難を味わわされ、また人権侵害の被害者の側に立たされてきたのであり、その果てに到達したのが、児童虐待という結果なのである。だとしたら保護者自身が、まずは精神的、物理的に、また社会的に十分な援助を与えられなければならない。

だが、援助を必要としているからといって、その人が必ずしも素直に援助を求めるとは限らない。いやむしろ、最も強く援助を必要とする人が、最も強く援助を拒絶するということも、決して珍しいことではないのである。そのことも念頭において、次章からは児童虐待への具体的な対応について述べ、さらにその現実が内包する困難や問題点についても考察していきたい。

第三章　虐待への対応をめぐって

1　虐待の発見と通告

岸和田事件の衝撃

「中三長男に食事与えず　父親ら逮捕」

二〇〇四年一月、新聞にこんな見出しが大きく躍った。児童虐待を報じる新聞である。記事本文を見てみよう。

〈大阪府警捜査一課と岸和田署は二五日、同府岸和田市南町、トラック運転手、A男容疑者(四〇)と内縁の妻のB子容疑者(三八)の二人が、中学三年の長男(一五)に対し、一年半近くにわたって暴行や食事を与えないなどの虐待を加えたとして、殺人未遂容疑で逮捕した。長男は事件前に四一キロあった体重が二四キロにまで減少。意識不明の重体という。

調べでは、A男容疑者らは〇二年六月ごろから、長男に対し、ささいなことを理由にたばこの火を押し付けたり、殴るけるの暴行を加えるなどした。さらに、数日に一食程度しか食事を与えないなどの虐待を続け、昨年八月からは寝たきりに近い状態となったのに放置。同年一一月二日に長男が死亡したと考えたA男容疑者が一一九番通報するまでの間、虐待し続けた疑い。府警は「放置すれば死亡するのは明らかな状態だった」と判断。「未必の故意」による殺人未遂容疑を適用した。

長男には中学二年の弟（一四）がおり、同様の虐待を受けていた。二人は数回、親族宅などに逃げ、弟は昨年六月、実母宅で保護された。しかし、長男はA男容疑者らに連れ戻され、その後もしつような虐待を受けていた。

長男が通う中学校の校長は「担任や級友が家に行ったが、会わせてもらえなかった」と説明。児童相談所「府岸和田子ども家庭センター」は「虐待を受けているかもしれない」と中学校から二回の連絡を受けたが、家庭訪問などはしていなかった。

（『毎日新聞』二〇〇四年一月二五日付、原文は実名）

大阪府岸和田市で起きたこの事件は、活発で学年代表を務めるなどリーダー的存在だったともいわれている中学三年生の男子が、保護者によって意識不明の重体に至るまで放置されたというショッキングな出来事に加え、学校や児童相談所が、虐待のおそれがあるという情報を得ていたにもかかわらず何らの援助の手も差しのべられなかった、という点でも社会に大きなインパクトを与えたのであった。

「虐待を疑った学校はどうしてきちんと通告しなかったのか」

「児童相談所はいったい何をしていたのだ」

一命をとりとめたとはいえ、意識不明の状態が長く続く悲惨な事態に心を痛めた人々からは、こんな声が一斉に起こった。


確かに学校では、不審に思った担任教師が家庭訪問もしている。しかしB子容疑者から「虐待でもしているというのか」と猛烈な抗議を受けたため、それ以上のかかわりができなかったとのことだし、児童相談所側も、学校からの通報が別件の相談と一緒だったことなどから、当初、虐待の正式な通告と認識せず、担当した家庭支援課の職員は、虐待問題を扱う虐待対応課に連絡しなかったといった事情があった。しかしながら、前途ある一人の子どもの命がここまで翻弄《ほんろう》されたのである。学校長も児童相談所長も、記者会見で認識の甘さ、取り組みの不備を率直に謝罪した。

知られていない虐待の通告義務

こうして岸和田事件は、わが国の児童虐待対策を考えるうえで象徴的な事件となり、折しも国会で議論されていた児童虐待防止法の改正作業にも大きな影響を及ぼしたのであった。したがって、この事件のことは以後も折に触れて言及するつもりだが、ここでは児童虐待が発見され、通告される過程にしぼって、その課題などについて考えてみたい。
まず最初にいっておきたいことは、児童虐待が行われていると気づいた場合、それを児童相談所等へ通告することは、二〇〇〇年に児童虐待防止法が成立するずっと以前から、すべての国民に課せられた義務だったということだ。ただし、このような義務があることを知っている人はほとんどいない。そこで、あらためて法律上の根拠を示しておこう。児童福祉法第二五条である（注＝本節の論旨をわかりやすくするため、二〇〇四年改正以前の条文を引用する）。

〔要保護児童発見者の通告義務〕
第二五条　保護者のない児童又は保護者に監護させることが不適当であると認める児童を発見した者は、これを福祉事務所若しくは児童相談所又は児童委員を介して福祉事務所若しくは児童相談所に通告しなければならない。ただし、罪を犯した満十四歳以上の児童については、この限りでない。この場合においては、これを家庭裁判所に通告しなければならない。

この点につき、『最新　児童福祉法　母子及び寡婦福祉法　母子保健法の解説』（児童福祉法規研究会編、時事通信社、一九九九年）は、次のように述べている。

本条の規定に基づく通告は、すべての国民に課せられている。しかし、その義務違反については、罰則の定めがない。このようないわば道徳的要請ともいえる義務を国民に課したのは、「すべて国民は、児童が心身ともに健やかに生まれ、且つ、育成されるよう努めなければならない」という法第一条の規定の精神に照らして、国民は、要保護児童の保護について、その保護の端緒をつくるための義務のあることを明らかにする必要があると考えられたためである。

児童虐待を受けた児童が「保護者に監護させることが不適当であると認める児童」であることは疑いないであろう。ところが従来、こうした通告が十分に行われてきたとは、およそいいがたい。そこで児童虐待をめぐる国会審議においては、この点が早くから一貫して問題となった。ここでは、児童虐待防止法成立直前、二〇〇〇年四月の議論を紹介しておこう。

石田(勝)委員　(中略)　児童虐待を発見した場合、現在でも国民一般に通告義務があります。しかし、国民一般に通告義務があることすら国民の多くは知らないというのが現状であります。

それで、現在の制度で実効性が上がっていないという批判が多い中で、お医者さんだとか学校の先生など特定の職業にある者の通告義務を国民一般より重いものにするとともに、仮に通報を間違えた場合に、親に名誉毀損《めいよきそん》等々で訴えられ(かね)ない、そういうおそれもあるわけでありますので、免責規定を設けて通報を保護することが必要であろうと思います。この点について厚生省のお考えをお聞かせいただきたいと思います。

真野政府参考人　先生御承知のとおり、国民一般に通告義務が課せられております。通告の経路を見ますと、約半数程度が家族などからの通告であるというふうに承知をいたしております。先生御指摘のとおり、これまでそういう部分の周知徹底も十分ではなかったわけでございますので、私ども、一層の周知徹底をしたいと思っております。

ただ、お医者さんなど専門職種の方々、こういう方々に今の国民一般の通告義務より重い義務を課すということにつきましては、いわば国民一般にも義務があるわけでございますので、それとの関係をどうするのか。そしてまた、もし違えるとすれば、また義務の違え方を考える必要があるわけですが、そういうものをどうするのか。(中略)また、通告に伴う免責につきましては、児童福祉法の二十五条に基づきます通告が刑法上の秘密漏えいや法令上の守秘義務違反にはならないということは、私ども既に通知をもってお示しをいたしております。それを立法化するのかどうかということになりますと、今度はまたほかとの並びの議論があるのではないか、私どもはそういうふうに思っております。

（衆議院青少年問題に関する特別委員会、二〇〇〇年四月一三日）

これを見れば明らかなように、当時、児童虐待について問題となったのは、いかにして虐待の通告を促進するかということであった。児童虐待の対策といっても、通告されなければ対応のしようがない。

虐待の早期発見・通告にむけて

もちろん厚生省も、国民の通告義務を周知徹底するため、それなりの努力はしていた。たとえば一九九八年三月三一日に出された「児童虐待に関し緊急に対応すべき事項について」という通知の中では、「都道府県、指定都市（中略）においては、児童虐待に関する国民の通告義務について自ら広報・啓発に努めるとともに、より住民に身近な自治体である市町村においても広報紙やチラシ、ＣＡＴＶ、町内会回覧板等、あらゆる媒体を通じて周知を図るよう適切な指導及び協力依頼をお願いしたい」と述べている。町内会の回覧で児童虐待の通告を呼びかけるという提起には私も驚かされたものだが、実際に回覧板が回されたところもあったはずである。

しかしながら、その効果がどれほどのものであったかは定かでなく、二〇〇〇年の児童虐待防止法制定に際しては、通告の促進を図らなければならないということが全体の共通認識となり、結果として、以下のような条文が起草され、確定したのであった。

〔児童虐待の早期発見〕
第五条　学校の教職員、児童福祉施設の職員、医師、保健婦、弁護士その他児童の福祉に職務上関係のある者は、児童虐待を発見しやすい立場にあることを自覚し、児童虐待の早期発見に努めなければならない。

〔児童虐待に係る通告〕
第六条　①児童虐待を受けた児童を発見した者は、速やかに、これを児童福祉法（昭和二十二年法律第百六十四号）第二十五条の規定により通告しなければならない。
②刑法（明治四十年法律第四十五号）の秘密漏示罪の規定その他の守秘義務に関する法律の規定は、児童虐待を受けた児童を発見した場合における児童福祉法第二十五条の規定による通告をする義務の遵守を妨げるものと解釈してはならない。

国会で審議されたとおり、法律は、学校の教職員、児童福祉施設の職員、医師、保健婦（保健師）、弁護士その他児童の福祉に職務上関係のある者に対して、児童虐待の早期発見に務めるよう明記し、かつ児童虐待の通告は守秘義務違反にはならないことも念押しして、虐待されている児童が放置されないように規定したのであった。

虐待を発見することの難しさ

ところが、この法律が施行されて三年後、少なくとも児童虐待を通告する制度はつくり得たと考えていたところへ、岸和田事件が発生する。本来ならば児童虐待防止法によって、学校の教職員は児童虐待の早期発見に努めるはずであったし、通告を受けた児童相談所は速やかに子どもの安全を確認し、必要に応じて子どもの保護を行うはずであった。にもかかわらず、そのような対応がなされないまま重大な事態に至ってしまった岸和田事件は、だからこそ社会的な大事件として大きく報道されたのである。つまり、二〇〇〇年に成立した児童虐待防止法では不十分だという事実が突きつけられたというわけだ。

だが報道を見る限り、事件が発覚するまで、学校も児童相談所もこれを明確な児童虐待としては認識していなかったと考えられる。というのも、教師や児童相談所職員はいずれも、虐待を受けていた長男の姿を見ておらず、確信が持てる状況ではなかったからである。だとしたら、それが児童虐待であると断定することは困難だったというほかない。もちろん、児童相談所には強制的に行うことのできる立入調査の権限があり、この事件でも「児童相談所はなぜ立入調査を行わなかったのか」といった批判があった。立入調査に関しては検討すべきことも多いので後述することとして、虐待の発見と通告の問題に話を戻したい。

考えてみれば、そもそも児童虐待の大部分は家庭内で、つまりプライバシーがもっとも尊重されるべき密室空間で生じる。そして、保護者はもちろん、被害を受けた当の児童も、虐待について積極的に打ち明けることは少ない。だから、発見すること自体が非常に難しいというのが児童虐待の本質的特徴なのである。

たとえばこんな事例があった。慢性硬膜下血腫《まんせいこうまくかけっしゅ》の診断を受けた乳児の例だ。調査を進めていくなかで児童相談所は虐待の疑いを深めていたのだが、主治医は、事故だという保護者の主張も一概には否定できないとして、虐待だと判断することに慎重な姿勢を崩さないのである。家庭という密室の中での出来事には目撃者がいないため、判断に苦しみ、その対応にも苦慮せざるを得ないという一例だ。

ともかく、児童虐待防止法の改正作業が行われている過程で発生した岸和田事件で、児童虐待の発見は思ったよりも難しいということを強く思い知らされた世論は、通告をさらに促進し、より幅広い範囲を通告対象とする方向へ舵を取る。すなわち二〇〇四年の児童虐待防止法改正により、発見と通告については次のように変わった。線を引いた部分が改正・追加部分である。

〔児童虐待の早期発見等〕

件数（2004 年度）

医療機関	児童福祉施設	警察等	学校等	その他
（4％）1,408	（5％）1,611	（6％）2,034	（15％）5,078	（18％）5,996

第五条　①学校、児童福祉施設、病院その他児童の福祉に業務上関係のある団体及び学校の教職員、児童福祉施設の職員、医師、保健師、弁護士その他児童の福祉に職務上関係のある者は、児童虐待を発見しやすい立場にあることを自覚し、児童虐待の早期発見に努めなければならない。（以下略）

〔児童虐待に係る通告〕

第六条　①児童虐待を受けたと思われる児童を発見した者は、速やかに、これを市町村、都道府県の設置する福祉事務所若しくは児童相談所又は児童委員を介して市町村、都道府県の設置する福祉事務所若しくは児童相談所に通告しなければならない。（以下略）

法律制定時は、「お医者さんだとか学校の先生など特定の職業にある者の通告義務を国民一般より重いもの」とすべく、専門職員の努力義務を明記することでよしとされていたものが、この改正では、「児童の福祉に業務上関係のある団体」に対してもその責務を課すこととなった。これは、各機関が責任を持って発見に努めよ、保護者とのトラブルや対立をおそれて機関の責任者が通告に消極的になってはいけない、という意味をもたせ

表 3-1　虐待の経路別相談

総　数	家　族	親　戚	近隣知人	児童本人	福祉事務所	児童委員	保健所
(100%) 33,408	(16%) 5,306	(2%) 785	(15%) 4,837	(1%) 410	(13%) 4,433	(2%) 639	(3%) 871

出典：厚生労働省「社会福祉行政業務報告」

たものであろう。通告対象について五文字加えて、「児童虐待を受けたと思われる児童」へと広げたのは、密室の中で行われ、虐待か否かを断定することが難しいという児童虐待の特徴をふまえてのものである。

なお、虐待の通告が誰から（どこから）なされたのかについて示したのが表３－１である。家族、学校、近隣知人からの通告が多く、特に近隣知人からは、本表には現れていないものの、前年度に比べて実数で約四割の増加を示す結果となっている。「児童虐待は通告すべきもの」という意識が、社会的にも次第に広まりつつあると考えられる数値といえよう。

社会は誤報を引き受けられるのか

これで、発見と通告に関してはより万全なものに近づいたといっていいだろう。だが、諸手《もろて》を挙げて賛成してばかりはおれない。児童虐待について研究している私の知人に、見ず知らずの人から届いたメールを紹介しよう。

「ある日突然、「虐待通告があったので……」と児童相談所の方がやって来ました。何度かの訪問の後、「誤報ですね」と結論づけてもらって、それはよかったんです。でもいったい誰がそんな連絡をしたのか、〝もしかしたらあの人？　この人？〟と思いはじめると、うっかり近所の方ともおしゃべりできませんし、窓の外の新築住宅を眺めながら考えこんでしまいます。こんな場合どうしたらいいのでしょう」

虐待通告件数が増大するにつれ、誤認や誤報が増えてきているというのは、現場感覚としても実感することだ。

少し古い数字だが、カナダ・オンタリオ州では、一九九三年に虐待・ネグレクトとして通告され、実際に調査した四万六七〇〇件（子ども人口の二％）の中から無作為に抽出した二五〇〇件を分析している。そこでは誤報が三九％を占めているというのである。NHK放送大学「子ども家庭福祉論'98」で講師の高橋重宏氏によって紹介されたものだが、通告義務違反に対して罰金を科しているカナダのこととはいえ、疑わしい場合も通告するのであれば、このような数字になるのは理の当然だろう。角度を変えれば、六人の子どもを保護するために四人の子どもの誤報を引き受けるということを、社会が容認しなくてはならないのである。そうしなければ、ただでさえ難しい虐待の発見と通告などできるはずもない。

あるいはイギリス。イギリスは日本と同様、専門家に対しても罰則規定を設けず、単に「子どもが重大な危害を受けている又はその恐れがあると信じた者は何人《なんぴと》でも、社会サービス局に通告しなければならない」と定めているのだが、虐待通告を受けて対応した結果、「調査が原因となった苦痛や苦悩が、子どもや親に認められる場合には、カウンセリングを提供することが検討されなければならない」と決められているというのである（峯本耕治『子どもを虐待から守る制度と介入手法』明石書店、二〇〇一年）。考えてみれば、児童虐待の性質からして誤報が避けられない以上、こうした手厚い対応がなされて初めて、専門家であれ一般住民であれ安心して虐待の通告を行うことができるのであり、児童虐待通告の制度は地に足のついたものとなるのではないだろうか。

ひるがえって日本では、通告された者が怒り、傷つき、かえって地域からの孤立を招くようなことがあっても、残念ながら制度上そこまでの配慮はなされていない。結果的に、調査を担当する児童相談所等の職員と住民とがいたずらに対立し、互いがストレスを高めてしまうというのが、偽らざる実情なのである。

現に、改正された児童虐待防止法が施行された二〇〇四年一〇月以後も、依然として通告する側のためらいが払拭《ふっしょく》できていないという調査結果がある。埼玉県が県医師会に委託して県内の小児科と産婦人科の二部門を対象に、二〇〇五年七月から八月にかけて行った児童虐待実態調査だ。それを見ると、「虐待または不適切な養育」発見後、関係機関に通告・連絡を取ったのは小児科で四八・九％（病院七三・九％、診療所二一・一％）、産婦人科は一四・二％にとどまっており、虐待通告に対して抵抗感が「非常にある」「多少ある」と回答した者も、小児科が三七・

五%、産婦人科は二三・四%だというのである。「判断に自信が持てない」「保護者に訴えられないか心配」「守秘義務への抵触が心配」といったことがおもな理由だが、小児科では「トラブルに巻き込まれたくない」「証明できなければ通告すべきでない」などとする声もあったという(数字は二〇〇四年一年間の集計。『埼玉新聞』二〇〇六年二月二八日付)。

児童虐待を防止し、子どもの安全を確保するためには、法律を制定するだけでなく、それが適切に機能するための十分な施策が必要不可欠なのだということを強調しておきたい。

2 虐待から子どもを保護する

小山市の兄弟殺害事件

二〇〇四年九月、栃木県小山市で、当時四歳と三歳だった男の子の兄弟二人が、同居していた男性によって幼い命を奪われるという事件が発生した。容疑者は子どもたちを車で連れ回した末に暴行を加え、橋から生きたまま川に落としたという残虐な殺人事件である。

ところが、さかのぼって経過を見ていくと、実はその約二カ月前、近くのコンビニ店長が、兄弟の腫《は》れた顔や体のあざに気づいて警察に通報していたことがわかった。この時、子どもたちの様子を確認した警察は、保護を要する児童であると判断して児童相談所に通告、それを受けて児童相談所は二人の一時保護を決定する。ただしその翌日には、父親の強い要請もあって、祖母が預かるという条件のもと、子どもたちは父親に引き取られていったのであった。だがその後ほどなくして、兄弟は再び容疑者のいるアパートに戻される。その事実を把握した児童相談所は、何度か祖母らに電話して様子を尋ねているのだが、「二人とも元気ですよ」「大丈夫です」といった返事を聞かされ、直接子どもたちに会うことができないまま推移し、結果的には冒頭で述べたような殺人事件へと至ってしまったのである。

事件発生からちょうど一年後の二〇〇五年九月、宇都宮地裁で被告男性に対する判決公判があった。判決内容を報じるニュースに接した私は、正直いって驚きを隠せなかった。といっても求刑どおりの死刑が言い渡されたからではない。異例にも判決理由の中で、児童相談所の対応は「誠に遺憾」と、明文で厳しく批判されていたからである。以下にその部分の要旨を引用しておこう。

〈大変惜しまれるのは、結果論であるにしても、一緒に暮らしていた父親を含め、かかわりを持った大人の一部の者において、危険の兆候たる芽を未然に摘まなかったことである。

児童相談所は父親からの強引な要求で、虐待を受けたことが誰の目にも明らかな二児を引き渡した後、被告方に戻らないなどの条件が守られていない可能性が高いと警察から連絡を

受けたにもかかわらず、具体的対策を講じた形跡がない。その在り方が問われかねない誠に遺憾な対応といわざるを得ない。〉

行政機関である児童相談所が、なぜ司法によって批判されたのか。事件そのものについてこれ以上言及することは避けるが、虐待が発見・通告された後の児童虐待への対応の仕組みについて、裁判所の判決もふまえながら、あらためて考えてみたい。

児童相談所長が判断する一時保護

児童虐待への対応において、まず何よりも優先されなければならないのは、虐待されている子どもの安全を確保することであろう。ところが多くの場合、保護者は児童虐待そのものを否認したり、しつけと強弁するなどして関係機関等の関与を拒否してしまう。そのような状況の中にあって緊急に子どもの安全を確保しなければならないとき、現在のわが国の法制度の中で唯一対応できるのは、児童相談所長が行う一時保護のみであり、それ以外に保護者の意に反して子どもを保護することは不可能といっていい。

では一時保護とはそもそもどのようなものなのか。子どもたちが一時的に生活する場となる一時保護所についての具体的な内容や課題については次章で述べることとして、ここではおもに一時保護という制度について考えてみたい。まずは通告又は送致を受けた場合の措置について規定している児童虐待防止法第八条を見てみよう。

〔通告又は送致を受けた場合の措置〕

第八条　①（略）

②児童相談所が第六条第一項の規定による通告又は児童福祉法第二十五条の七第一項第一号若しくは第二項第一号又は第二十五条の八第一号の規定による送致を受けたときは、児童相談所長は、必要に応じ近隣住民、学校の教職員、児童福祉施設の職員その他の者の協力を得つつ、当該児童との面会その他の手段により当該児童の安全の確認を行うよう努めるとともに、必要に応じ同法第三十三条第一項の規定による一時保護を行うものとする。

③前二項の児童の安全の確認、児童相談所への送致又は一時保護を行う者は、速やかにこれを行うよう努めなければならない。

児童虐待への対応において、最も大きなポイントの一つが、他でもないこの一時保護だということは明らかであろう。では一時保護を行うにはどのような要件が必要だろうか。上記で述べられた児童福祉法第三三条第一項の規定（二〇〇四年改正以前）を見てみたい。

第三三条　①児童相談所長は、必要があると認めるときは、第二十六条第一項の措置をとるに至るまで、児童に一時保護を加え、又は適当な者に委託して、一時保護を加えさせることができる。（以下略）

一時保護を決定する際に必要な唯一の要件は「児童相談所長が必要と認めるとき」であることがわかる。要するに児童相談所長の判断一つなのである。だからこそ、小山市の兄弟殺害事件において、緊急に子どもの安全を確保し、保護を行う責務を担っている唯一の機関としての児童相談所は、個別事情はさておき、判決という場で批判されたのであろう。

一時保護と子どもの人権

ところで、このように重要な責務と権限を与えられていることに鑑み、児童相談所は子どもの安全を優先して一時保護を行わねばならないのであるが、はたして一時保護は本当にそのまま子どもの権利を守るといえるのであろうか。児童虐待防止法制定直前の国会で、一時保護は、場合によっては権利侵害にもなり得るという角度から注目すべき発言があった。意見表明をしたのは駿河台大学の吉田恒雄氏である。以下がその内容だ。

吉田参考人　（中略）児童虐待の法整備について、基本的なところを四つお話ししたいと思います。

現行法制上の問題点であります。（中略）三番目が、適正手続の欠如という点であります。これまで福祉という、善をなすものという名のもとに行われていた行為が実は権利の侵害を伴うのだという認識が欠けていたのではないか。そういう点から、児童虐待の法整備についても、こうした適正手続ないし権利擁護の視点は不可欠であろうと思います。（中略）一時保護に関しましても同じです。期間制限、それから期間の延長について、何らかの法定化が必要だろう。一定の期間を設け、または延長する場合の裁判所の承認。ここでもやはり、子供の身柄が実質上確保される、子供の保護ということでありますけれども、子供の権利の侵害ということにも、そういう面も一面ありますので、ここで法的な、司法的な関与が必要だろうということです。

それで、大人の目、特に児相の立場からしますと、緊急一時保護をした後、行動観察等をしてその後の処遇決定までに時間がかかるという御判断がおありのようですけれども、子供の立場からすればそれは逆でありまして、自分がいつまでここに置かれるのかわからないという状況の中で一時保護所に拘束され、しかも通学も制限されるという、この子供の視点から一時保護の制度は考える必要があるのではないかと思います。

（衆議院青少年問題に関する特別委員会、二〇〇〇年四月二〇日）

吉田氏が述べている一時保護の実情について、もう少し補足しておこう。氏は「自分がいつまでここに置かれるのかわからないという状況の中で一時保護所に拘束され、しかも通学も制限される」と指摘しているが、一時保護所の実情はほぼそのとおりと考えていい。

そもそも一時保護所は、全国すべての児童相談所に設置されているわけではない。府県で一箇所というところも少なくないため、子どもを通学させようとしても物理的に不可能な場合が多いのである。それに、児童虐待などのため保護者の意に反して児童相談所長の権限で一時保護した場合、仮に条件を整えて通学させたりすれば、通学先の学校で、あるいは登下校の途上で保護者が強引に連れ帰ることだってあり得るだろう。それでは確実に子どもの安全を保障することはできない。したがって、通学に限らず自由な外出なども制限せざるを得ないのが一時保護所の現実なのである。

だから一時保護によって、確かに虐待の危険から身の安全が守られ、衣食住も保障され、子どもの権利は守られるとしても、保護の期間が長引くにつれ、実は一時保護そのものが次第に子どもの権利を侵害することにもなりかねない。事実、自由に外出もできず、狭い空間の中で、幼児から中卒児までが共に生活するとなると、頻繁に入退所があってなかなか落ち着かないという実態も加わって、子どものストレスはいや増すしかない。

司法の審査

国会でもこれらの点が問題となり、児童虐待防止法の成立にあわせて、児童福祉法三三条には、先の規定に第三項、第四項として次の二項が付け加えられたのであった。

③前二項の規定による一時保護の期間は、当該一時保護を開始した日から二月を超えてはならない。
④前項の規定にかかわらず、児童相談所長又は都道府県知事は、必要があると認めるときは、引き続き第一項又は第二項の規定による一時保護を行うことができる。

一歩前進といえよう。しかしながら、この改正で子どもの権利が守られると考えるのはいささか早計だ。というのも、児童福祉法をこのように改正してもなお、わが国における一時保護の制度は、国際的な基準、すなわち「子どもの権利条約」に抵触している可能性が高いからだ。条約は以下のように規定している。

第九条

1　締約国は、児童がその父母の意思に反してその父母から分離されないことを確保する。ただし、権限のある当局が司法の審査に従うことを条件として適用のある法律及び手続に従いその分離が児童の最善の利益のために必要であると決定する場合は、この限りでない。このような決定は、父母が児童を虐待し若しくは放置する場合又は父母が別居しており児童の居住地を決定しなければならない場合のような特定の場合において必要となることがある。

このように「子どもの権利条約」では「権限のある当局が司法の審査に従うこと」を「条件」としている。一方、児童福祉法のどこを読んでも、児童相談所長が行う親子の分離、すなわち一時保護について、司法の審査は条件とされていない。しかも一時保護できる期間は、「当該一時保護を開始した日から二月を超えてはならない」ものの、「前項の規定にかかわらず、児童相談所長又は都道府県知事は、必要があると認めるとき」は、引き続き一時保護を行うことができるのであるから、理屈上は無制限に行い得るといっても間違いではない。

わが国において子どもを虐待から緊急に保護する唯一の手段である一時保護が、こうして画竜点睛を欠き、「子どもの権利条約」に抵触している可能性がある点は、やはり大きな問題であろう。児童虐待対応に従事する私たち児童相談所職員は、子どもの安全確保を最優先の業務と位置づけ、より適正に一時保護を実施する努力をしつつも、職権による一時保護については、今述べた問題点が、いつも脳裏をかすめてしまうのである。

保護者との対立

一時保護のこうした制度は、児童虐待の加害者となる保護者からみても、ある意味では理不尽な制度といえよう。なぜといって、児童相談所は確かに相当の注意を払って一時保護を決定しているはずだが、一行政機関である児童相談所の所長が必要と認めるだけで、保護者の意向に何ら左右されることなく、悪くすれば無制限に実施し得るのが一時保護なのである。

話は横道にそれるが、厚生労働省は二〇〇五年五月、全国の児童相談所実情調査の結果を公表した。それによると、「虐待で対応の児童相談所職員、七割が親から暴力受ける」といった生々しい実態が明らかとなった。

この調査は、児童相談所業務の実情を把握するため、二〇〇四年一一月から二〇〇五年四月にかけて行われたもので、全国一八二箇所(当時)の児童相談所のうち、全都道府県と政令指定都市の各一箇所ずつ計六〇箇所から聞き取ったものである。

それによると、二〇〇三年までの三年間に保護者らから殴る、蹴るなどの暴力を受けた職員がいたのは四三箇所（七二％）計一三九件に上り、なかには打撲などの傷を負った人もいたという。また、暴力には至らないまでも、脅されるなどして警察官と一緒でないと対応できなかったり、身の危険を感じたりしたケースも五六箇所（九三％）計六五八件に上ったのであった。

かくいう私も、実際に暴力を受けた一人である。虐待を受けているという強い疑いがあり、子どもにとっては是非とも必要であると判断しての権限発動による一時保護に対し、「証拠があるのか！」「これは国家による誘拐だ！」などと強く反発する保護者との面接は、食事をとるどころか、トイレに立つことさえもなく延々九時間に及び、その途中で顔面を殴られ、眼鏡をとばされたのである。その他、私自身が経験しただけでも、納得しない保護者との面接が深夜一時半までかかってしまったもの、一時保護所に無断で侵入して強引に子どもを連れ帰ろうとした例、あるいは未明にやって来て施錠された玄関先の器物を壊してしまったなど、保護者の抗議はいずれも並大抵ではない。

しかし保護者にしてみれば、一時保護の決定をしたのはあくまでも児童相談所なのであり、面会も制限され、一時保護の期間がいつまで続くのか明示されることも少ないのであれば、必然的に児童相談所と正面から衝突せざるを得ないだろう。要するに現行制度のもとでは、保護者は自らの虐待行為をふり返るどころか、児童相談所職員に対して暴力的な抗議、威嚇、攻撃等をするしか方法がないという構造になっているのである。

とすれば、いきおい次のような批判も生まれてくる。日本子ども家庭総合研究所ソーシャルワーク担当研究部長の才村純氏の指摘である。

〈かつて児童相談所は、通告しても対応が遅い、保護の要否判断が甘いなどと批判にさらされてきた。しかし、ここ一〇年における児童相談所の対応は格段に迅速となり、立入調査、職権一時保護、二八条申立件数の急増に見て取れるように、児童相談所の取組みは格段に進展した。その結果、児童相談所が関与していながら児童が死亡する事件は減少傾向にある。無論、児童の死亡事件が減少しつつあることは歓迎すべきことではあるが、児童相談所による積極的な介入を無条件で評価することができない現実もある。「児童相談所は福祉警察になりつつある」と揶揄《やゆ》されるように、「子どもの安全確保」を至上命題とする社会的要請に応えようとするあまり、必要以上に強権的に介入してはいないだろうか。〉

（才村純「児童虐待対策の到達点と課題」『母子保健情報』第五〇号、二〇〇五年一月）

児童相談所は子どもを保護しないで批判され、子どもを保護してもまた批判される。ではいったいどうすればいいのか。今まで述べてきたことをふまえるならば、少なくとも「児童相談所に専門性がない」とか「児童相談所の判断は甘い」など、児童相談所を批判しさえすればこから。

と足りるというわけにはいかないはずである。なぜといって、問題の本質は、保護すべきか否かの判断をすべて児童相談所長に委ねて済ませている現在のしくみ自体の中に潜んでいるのだから。

こうした問題を解決するためには、児童相談所長が職権で行う一時保護は緊急時の短期間に限定し、それを超える場合には、吉田氏も指摘するように、司法が関与する仕組みを設けるしかないのではあるまいか。そうすれば、保護者はいたずらに激怒するのでなく、第三者の立場で客観的に判断する司法という場に直面して自身の行為を振り返ることになるだろうし、児童相談所としても、司法の決定を得ることで保護者との無用な対立を回避し、以後の援助のあり方について従来にも増して丁寧に検討することができ、肝心の子どもも、一時保護を含む自らへの援助方針について、より明確な見通しを持つことができよう。

ところが、このような制度改革について、児童相談所現場からの賛成意見は意外に少ない。というのも、緊急の事態に対する即応性が損なわれるのではないかという危惧に加え、司法判断を求めるために新たに生じる手続き、実務をこなすだけの人的、時間的保証が全くないといった、きわめて現実的な事情があるからだ。柔軟かつ機動的に対応するなら、理念はさておき児童相談所長に強い権限を賦与しておいたほうが話は早い、というのが偽らざる本音といってもいいだろう。付け加えれば判断を委ねられる側の家庭裁判所でも、人的、時間的保証という点では、おそらく同様の事情を抱えていると考えて差し支えない。

だから、一時保護の決定に関して司法関与を導入するといっても、現状のままでは絵に描いた餅にしかならないのであり、このような制度変革を実現するのであれば、司法、福祉ともの抜本的充実が不可欠となる。一朝一夕で成し遂げられるほど簡単なことではあるまいが、今後の制度のあり方として、真剣に検討すべき課題であろう。

小山事件判決における児童相談所批判を真摯《しんし》に受けとめつつも、今回の判決が、法制度の不備をそのままにしてすべてを児童相談所の責に負わせるというのであれば、事件の教訓は生かされず、真の意味での児童虐待防止対策の前進にもつながらない、と私は考える。

家庭への立入調査

ところで、児童虐待を受けた子どもを保護するといっても、実際はそんなに簡単に行えるものではない。考えてみればわかるように、もともと家庭内の密室で起こるのが児童虐待だとしたら、虐待を否認するような保護者と起居を共にしている子どもを、その家庭から分離して一時保護することが極めて困難なことは容易に想像できるだろう。そこで、児童虐待防止法は、以下のとおり、立入調査の権限を都道府県知事（多くは知事権限を委任された児童相談所長）に与えている。

〔立入調査等〕

第九条　①都道府県知事は、児童虐待が行われているおそれがあると認めるときは、児童委員又は児童の福祉に関する事務に従事する職員をして、児童の住所又は居所に立ち入り、必要な調査又は質問をさせることができる。この場合においては、その身分を証明する証票を携帯させなければならない。

②前項の規定による児童委員又は児童の福祉に関する事務に従事する職員の立入り及び調査又は質問は、児童福祉法第二十九条の規定による児童委員又は児童の福祉に関する事務に従事する吏員の立入り及び調査又は質問とみなして、同法第六十二条第四号の規定を適用する。

ここでいわれている児童福祉法第六二条第四号とは罰金について定めた条項で、立入調査に関しては、「正当の理由がないのに、第二十九条の規定による児童委員若しくは児童の福祉に関する事務に従事する吏員の職務の執行を拒み、妨げ、若しくは忌避し、又はその質問に対して答弁をせず、若しくは虚偽の答弁をし、又は児童に答弁をさせず、若しくは虚偽の答弁をさせた者」は、三〇万円以下の罰金に処するとされている。

加えて児童虐待防止法は、次条で警察官の援助規定を設けている。まずは改正前の条文を掲げておこう。

〔警察官の援助〕

第一〇条　第八条の規定による児童の安全の確認、同条の一時保護又は前条第一項の規定による立入り及び調査若しくは質問をしようとする者は、これらの職務の執行に際し必要があると認めるときは、警察官の援助を求めることができる。

では、このような形で警察官の援助があれば、立入調査はスムーズに実施できるだろうか。ことはそれほど単純ではない。ある警察官の話だ。

「こんな例がありましたね。立入調査をするということになって私たちも協力・援助することになったんです。ところが、家庭訪問した児童相談所の職員さんがドアを開けた瞬間、「児相がなんぼのもんじゃ！」という罵声とともに、父親らしき男が棍棒《こんぼう》を振り上げて襲いかかろうとしたんです。こうなると立入調査どころではありません。開けたドアを思わず閉めて身を守ろうとされたんです。でも、それで鍵をかけられたらどうすることもできません。実はその時、後ろにいた警官がドアの隙間にさっと足を入れ、ロックできないようにして「警察だ」と名乗ったんですね。それでなんとか子どもの保護ができました」

警察官の援助を要請したからといって、必ずしも児童相談所職員の危険が回避されるわけではないのである。ちょうど私自身が家庭への立入調査を前にしていた時期だったこともあって、身を固くして聞いた記憶があるが、そもそも不測の暴力も予想される状況では、日頃から鍛錬している警察官と、相談援助やカウンセリングを本来業務としてきた児童相談所職員とでは、比ぶべくもあるまい。

防刃チョッキで身を守る

それを象徴するような新聞記事がある。二〇〇二年四月二日付の『神戸新聞』だ。

〈尼崎市の小学一年男児が両親から虐待を受け死亡するなど、相次ぐ事件に揺れた県西宮こどもセンター(児童相談所)。国の目安より大幅に少なかった児童福祉司が四月から県では増員となり、児童虐待対策が強化されることになった。とはいえ虐待は増え続けている。親と対峙する局面も多く、ケースワーカーたちの抱える困難が解消したわけではない。〉

〈県立のこどもセンター四カ所すべてに昨年、防刃《ぼうじん》チョッキが配られた。胸や腹部を守る金属板が仕込まれ、ずっしり重い。現場の過酷さが配備の背景にある。子どもの保護に抵抗する親は多い。脅迫電話もある。チョッキの用意を求めた中央こどもセンター(明石市)の職員

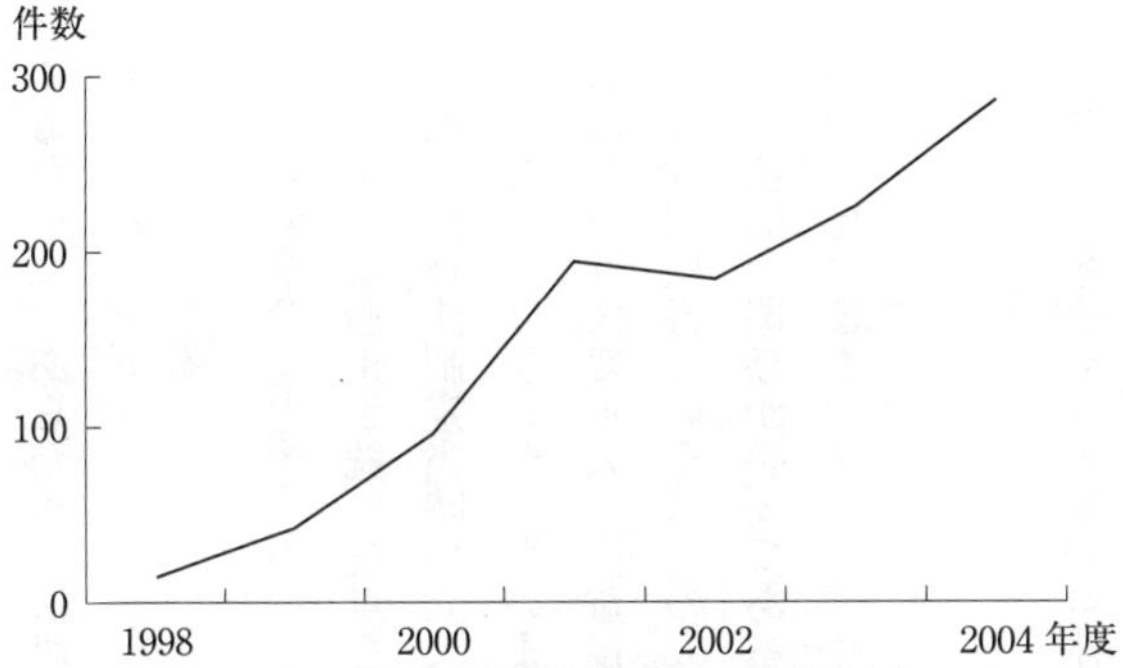

出典：厚生労働省「社会福祉行政業務報告」

図 3-1　児童相談所における立入調査件数

は「過去に刃物を振り回した親や、通報で初めての家庭に行く時が不安」と漏らす。一方で反発も。「あんな目立つものを着れば余計、反発を買う」「割ったビールびんを持ち込む親もいる。逃げるしかない」今のところ着用例はないという。だが、チョッキ配備の賛否にかかわらず「暴行を受けかねない」との不安は共通だ。〉

私の知る限りでも、兵庫県に限らずいくつかの府県で防刃チョッキを備え付けているが、児童福祉に従事する職員が果たしてそこまでしなければならないのか、率直にいって疑問だ。とはいえ現実には立入調査の件数は急増している。九八年には一三件だったのが翌九九年には四二件に増加。二〇〇四年にはすでに三〇〇件近くにまで達している（図3－1）。それでもなお、完全に子どもの保護ができるとはいいがたいのである。

しかも問題はそれだけではない。立入調査そのものにまつわるジレンマがあるのだ。その点を考えるために、あらためて法律制定時の議論にさかのぼってみたい。再度、吉田恒雄氏の発言を引用する。

吉田参考人（中略）次に、立入調査及び一時保護であります。これは、先ほどお話ししましたような適正手続の視点をここに入れる必要があるだろうと思います。

児童福祉法制定当時の立入調査というのは、現代のような虐待を念頭に置いていないものだったのではないかと思います。しかし、立入調査という問題は、一方で子供の生命にかかわるという大変重大な法益侵害があり、もう一方では親、子供の権利侵害、立ち入ることによる権利侵害という二つの大きな利害の対立がありますので、この点に関しましては、やはり司法的な関与が必要であろう。そういうところで正当性を付与するのがよろしいのではないかと思います。

（衆議院青少年問題に関する特別委員会、二〇〇〇年四月二〇日）

氏は、そもそも立入調査自体がもつ根本的な矛盾を指摘しているのである。そこであらためて「立ち入ることによる権利侵害」とは何かについて考えていくと、つまるところ憲法で保障された基本的な権利の侵害ということに行き当たる。すなわち憲法第三五条は、「何人も、その住居、書類及び所持品について、侵入、捜索及び押収を受けることのない権利」を明記しているのであり、立入調査はこの権利と対立する。

だが他方、その家庭内で「子供の生命にかかわるという大変重大な法益侵害」が行われているとしたら、決して放置してよいはずはない。それをふまえて吉田氏は、「二つの大きな利害の対立がありますので、この点に関しましては、やはり司法的な関与が必要であろう」と主張したのである。

私自身、警察の援助も得て何度か立入調査を経験したが、それらはすべて児童相談所長の判断で行ったものだ。だから、いざとなると自分たちの判断にのみ頼ってプライバシー空間である家庭内に強行に入り込むことへのとまどいが、いつも顔を出す。警察でさえ令状なしでは家庭内に立ち入れないのに、私たちは児童相談所長の指示だけで踏み込むのだ。保護者からの激しい抗議や抵抗を予想して極度に緊張しつつ、何としても安全に子どもを保護しなければならないと決意を固め、自らを鼓舞して踏み切るしかない。立入調査では、緊張と決意と躊躇、さらに無事子どもの保護ができるのかという不安などが複雑に絡み合い、一種言いようのない気分に襲われる。

しかしながら、二〇〇〇年に成立した児童虐待防止法は司法関与の枠組みをつくらず、立入調査の判断を行政機関に委ねたまま、単に警察官の援助規定を設けることで対応することにしたのであった。

したがって、児童相談所の職員が所長の指示に基づいて家庭内への立入調査を行い、子どもの保護を図ろうとする構図は残され、住居の不可侵という憲法上の権利を一行政機関の判断で冒していいのかという問題は未解決のまま残されたのであった。

警察はどこまで関与すべきなのか

ところが法律を施行してから三年後、すでに述べたように岸和田事件が発生する。そのため立入調査のあり方に関する法改正論議では、「立ち入ることによる権利侵害」という側面よりも、「子供の生命にかかわるという大変重大な法益侵害」をいかに防ぐかということに、議論の比重が傾いていった。現に二〇〇四年二月に出された与党の児童虐待防止法改正案は、「児童相談所長が一時保護を拒まれ、かつ速やかに保護しなければ生命又は身体に重大な危害が生じるおそれがあると認められる場合、児童相談所から通告を受けた警察が、児童の住所又は居所に立ち入ることができる」よう提起されたのであった。

だがこの案には異論が続出する。ここでは、二〇〇四年二月二七日に開かれた衆議院青少年問題に関する特別委員会での二人の弁護士の発言を示しておこう。岩城正光弁護士と峯本耕治弁護士だ。

岩城参考人　（中略）児童相談所の立入調査の役割は極めて重要であります。児童相談所も丸腰ですから、バイオレンスの吹きすさぶ虐待家庭への立ち入りは危険を伴います。そのために警察を活用したいと考えるのはもっともなことでありますし、警察はそれに積極的にこたえていくべきであります。

しかし、与党案のような警察主導の立ち入りは問題であると思っています。なぜなら、子供の権利擁護という観点から見るならば、警察の介入には慎重であるべきだと思います。警察は活用すべきですけれども、警察に主導権を与えると、それはやはり刑罰を念頭に置いた介入になってしまいます。子供の権利擁護のためには福祉的視点は極めて重要であって、やはり児童相談所が中心になるべきだと思います。

（中略）

峯本参考人　（中略）一定の場合、警察の援助が必要で、（中略）私も実際にかかわっているケースで、本当に殺すぞといっておどされて、事務所の周りで見ておくぞとか言われたりするようなケースもやはり現実にあるんですね。ですから、援助が必要だということ。ただ、今回の改正法案を見させていただいたときに、警察がかぎを壊してでも入れるようにするための法案になっていて、(中略)生命、身体に対する重大なおそれがあると認められるときという要件になっているんですが、それは実際に行ってみないとわからない、調査してみないとわからないということの場合が多い。

そういう意味では、本来であれば、不当なアクセス拒絶といいますか、不当にアクセスを拒絶されて、例えば長期間にわたって安全の確認ができないような場合にはというような、そういうもう少し事前の段階の要件に変えていただいた方がいいのではないかというふうに感じるのが一点と、もう一つは、やはり裁判所のチェックが欲しいというふうに弁護士としては思います。

発言を見ればわかるように、児童虐待から子どもの安全を守ろうとすれば、直接その業務にあたる児童相談所職員だけでなく、それにかかわる弁護士までも恫喝《どうかつ》されるというのが偽らざる実態なのである。とはいえ警察官が自ら主導的に家庭内に立ち入るという案への抵抗は強く、結果的に与党案は不採用となる。ただし小さな改正がなされ、立入調査や一時保護を行おうとする場合に、児童相談所長は「必要に応じ適切に、(中略)警察署長に対し援助を求めなければならない」(第一〇条第二項)とされ、援助要請を受けた警察署長も「所属の警察官に、(中略)措置を講じさせるよう努めなければならない」(同条第三項)と定められたのであった。

これでは、児童相談所が適切に警察に対して援助を求めるよう義務化されただけであって、課題の先送りというしかない。そこで改正に際して、次のような附則が付けられたことも付け加えておきたい。

〔検討〕

第二条　児童虐待の防止等に関する制度に関しては、この法律の施行後三年以内に、児童の住所又は居所における児童の安全の確認又は安全の確保を実効的に行うための方策、親権の喪失等の制度のあり方その他必要な事項について、この法律による改正後の児童虐待の防止等に関する法律の施行状況等を勘案し、検討が加えられ、その結果に基づいて必要な措置が講ぜられるものとする。

二つの権利の対立

振り返ってみると、法改正の議論がこのような形に収束したこと自体が、立入調査の難しさを表しているといえよう。ポイントの一つは、おそらく緊急に子どもの保護が必要と判断された場合の即応性をどのように確保するかということであり、もう一つのポイントは、すでに見てきたように、「立ち入ることによる権利侵害」と「子供の生命にかかわるという大変重大な法益侵害」という二つの権利侵害をどのように調整するかという問題である。

ただし、答えは自ずと明らかだと私は思う。考えてもみよう、二つの権利が対立しているのであれば、そこに司法が関与すべきことは自明のことだ。現にこの社会のあらゆることは、すべてそうした解決方法が用いられているのである。ところが、こと立入調査に関してはそんな明々白々のことが実現しない。いったいなぜなのか。

一時保護の決定には司法が関与すべきだ、と問題提起をした際にも少し触れたことだが、仮に立入調査の必要性を認めた場合、それを速やかに、かつ適切に司法に申し立てるだけの実務を行う余裕が、現在の児童相談所体制には全くといっていいほどないのである。また、それを受ける側の家庭裁判所にしても、保護者の意に反した職権での一時保護や立入調査のすべてに対して申立てを受け、タイムリーに的確な判断をくだす態勢は、何ら整えられていない。

こうした実態を無視して司法の関与を法定化すれば、混乱は火を見るよりも明らかだろう。だからこそ、国会は結論を先送りし、結果として立入調査の判断も一時保護の判断も、すべて児童相談所長に委ねられたままになっているのではあるまいか。

ことは基本的な権利にかかわるたいせつな問題であり、ここでもまた、法制度の整備とあわせて児童相談所や家庭裁判所の充実が不可欠の課題となっているのである。

第四章　虐待する親と向き合う

1　保護者への指導

揺れ動く子どもの気持ち

「なぜ、ぼくが児童相談所に行かないといけないんや。ぼくはイヤ。お母さんが悪いんだから、お母さんがどっかに行けばいい。ぼくは自分で生きていく」

母からの暴力・虐待が続き、これ以上は限界だとして一時保護をしようとした小学生に、こう言われて困ったことがある。しかし考えてみれば、この訴えはある意味で至極まっとうだ。なぜといって、そうでなくとも虐待されて過酷な生活をしてきた子どもが、今度はいきなり見ず知らずの児童相談所に連れて行かれ、よく知らぬ子どもや大人の中で寝起きすることになるのである。たいへんな不安を感じたとしても当たり前だろう。

彼に限らず多くの子どもたちは、たとえ虐待されていたとしても、必ずしも児童相談所で保護されることを望んでいるわけではない。中学一年の男児が、警察官に伴われて一時保護所に入所したときもそうだった。虐待の第一報を受けてから相当の時間が経ち、到着したのが午後一一時過ぎになってしまったので事情を聞いたところ、警察官は次のように説明する。

「いえね、本人は「家にはもう帰りたくない」とはっきり希望したんですが、一時保護となれば児童相談所からの登校は無理でしょう。実は明日がちょうど校内マラソン大会の日でして、彼はそれに出たかったんです。警察署内で長いこと泣いてましてねえ」

見ると疲れきった彼の顔には涙のあとが残っている。児童相談所で保護すれば虐待からは逃れられ、暴力の恐怖におびえる必要もなくなるとはいえ、生活環境は激変し、あれこれ諦めねばならないことも出てくるのだ。

こんな例は枚挙にいとまがない。もう一つ紹介しておこう。内縁の男性からひどい暴力を受け、家から追い出されて雨の中をとぼとぼ歩いていたところを発見され、一時保護所にやって来た四歳の女児である。暴力から逃れられた安心感もあり、最初は一時保護所の生活にも順応しているように見えたのだが、風邪気味で近くの病院へ連れて行った時のことだ。診察を終え、児童相談所に帰り着いた途端、玄関先ではたと立ちすくんでしまい、中へ入ろうとしない。身を固くしている彼女に優しく声をかけたのがきっかけになって、緊張の糸が切れてしまった。

「おうちに帰りたいよう」

「お母さんに会いたい」

激しく嗚咽《おえつ》し、しゃくり上げながら訴える姿に、私自身も言葉を失うしかないのであった。

自ら保護を求めてきたり、一時保護所に入所して笑顔が戻り、「もう家には帰りたくない、ずっとここにいる」と話してくれる子どもたちも確かに多数いる。しかしながら、行動を制限され、不自由を強いられることもある一時保護所での生活と、暴力や虐待と隣り合わせだが、クラブ活動や友だちとの自由な交流もできる従来の生活とを天秤にかけ、一人で悩んでしまう子どもが存在することも疑いのない事実なのである。何ともはや理不尽な選択だ。

そうした点もふまえてのことだろう、厚生労働省通知「子ども虐待対応の手引き」は、一時保護に際しての留意点を次のように述べている。

〈子どもが同意している場合であっても、基本的には「あなたが帰りたくないと言うから保護する」のではなく、「子どもの最善の利益を守るために、児童相談所として保護者には引き渡せないという判断をした」という説明をすることが重要である。〉

〈(子どもが一時保護を拒否している場合)子どもに対し、児童相談所の考え方を分かりやすく説明し、家を離れて生活することの必要性を理解してもらうよう努める。自分の状況がある程度理解できても、年少の子どもは一人で外泊する経験も乏しく、特に夜間になると、保護者と離れていることへの不安などから、帰宅を求める言動が現れることが予測される。

その際には、職員ができるだけ生活場面や遊びの場面での緊密な関わりを持ち、少しでも不安を除去し、子どもが安心して生活できることを感じるような対応が求められる。〉

「手引き」に示された子どもへの対応は当然のことであり、児童相談所は、いわれるまでもなくそのようにして子どもと真摯《しんし》に向かい合っている。だが、果たして子どもの最善の利益とは何なのか、もっと他によりよい方法はないのか、家庭や地域を離れて苦労している子どもたちと接するたびに、私は考え込んでしまう。

そして思い出したのが、冒頭に紹介した小学生の訴えだ。確かに小学生の一人暮らしを認めることは論外であるとしても、児童虐待を行う保護者に対して、もう少し具体的な指導は行えないのか。ここでは、その点について考えてみたい。

児童虐待の解決とは

これまで、虐待を受けた子どもの安全をいかに確保するのか、といった点について述べてきた。しかしながらあらためて確認しておきたい点は、仮に適切に子どもを保護することができたとしても、それで児童虐待が解決したわけではないということだ。全国児童相談研究会の「児童虐待防止法見直しに関する私たちの見解」(二〇〇三年一一月)は、次のように述べている。

〈児童虐待の解決は、子どもを保護し救出しさえすればよいというものではありません。子どもは、保護されたとしても慣れ親しんだ家庭や地域から離れて不慣れな生活を強いられ、行く末を案じ、不安を感じています。保護されたからといって虐待関係が終わるわけではなく、むしろ保護されていること自体が未だに虐待関係の中におかれていることの証《あかし》なのであって、そのまま放置することは、子どもの期待を裏切ることになってしまいます。〉

児童虐待の解決は、あくまでも保護者が児童虐待をやめ、良好な親子関係を修復することができて初めて達成したといえるのである。

そもそも元を正せば、児童虐待は保護者が起こす行為、保護者に起因する問題なのであり、ある意味では児童福祉の問題という以上に、すぐれて大人の側の問題だといっていい。繰り返すが、保護者に児童虐待をやめさせることは、児童虐待の対策の中でも最も根本的な課題なのである。そこで児童虐待防止法は、第三条で「何人も、児童に対し、虐待をしてはならない」と明記し、続けて第一一条では、児童虐待を行った保護者が指導を受けるよう義務づけたのであった。以下に法律制定時の条文を示す。

〔指導を受ける義務等〕

第一一条　①児童虐待を行った保護者について児童福祉法第二十七条第一項第二号の措置が

採られた場合においては、当該保護者は、同号の指導を受けなければならない。
②前項の場合において保護者が同項の指導を受けないときは、都道府県知事は、当該保護者に対し、同項の指導を受けるよう勧告することができる。

この条文については、参議院法務委員会で法律提案者の衆議院議員から次のような答弁がなされている。

竹村泰子君　（中略）本法案の第十一条第二項におきまして、児童虐待を行った保護者が指導を受ける義務に反したとき知事は指導を受けるように勧告を行うことができるものと定めておりますけれども、従来の取り扱いとはどこが異なるのでしょうか。今もそうなっているのではないかと思いますが、具体的な方法がありましたらお願いいたします。

衆議院議員（石井郁子君）　（中略）従来は、保護者が指導を受けなかった場合には説得を試みる、そういう方法しかとれなかったと聞いております。また、義務でないと親はなかなか治療に参加しないということを現場から聞いているところでございます。

本法案の十一条第一項におきまして、保護者が指導を受ける義務を明記したことになります。強力に指導を行う根拠ができるとともに、さらに勧告という手段も明文で定めたことによりまして、親子関係の修復を目指した保護者の指導を強力に行うことが可能になったと考えているところです。（参議院法務委員会、二〇〇〇年五月一六日）

果たしてそうだろうか。結論からいえば、「否」というしかない。というよりも私は、児童虐待防止法が、保護者への対応に関してこのようにしか定めていないところに、現在の法制度の基本的な問題、極端にいえば、欠陥が潜んでいると思うのである。

指導に従わせることの難しさ

「ちょっと待ってほしい。児童虐待防止法は、保護者に対して指導を受ける義務を課したのだし、立法者である衆議院議員も、この条文への期待感を示しているではないか。なぜそれを欠陥だなどと非難するのか」という反論があるかもしれない。そこで、もう少し突っ込んでこの規定を検討してみよう。

まずは第一項である。ここでいう「児童福祉法第二十七条第一項第二号の措置」とは、児童や保護者を児童福祉関係者に指導させる行政処分なのだが、多くは、児童相談所の児童福祉司がその指導を行うと考えていい。もちろんその決定は、知事から権限を委任された児童相談所長が行うことになる。保護者はこの指導を受けなければならないというわけだ。

しかしこの点については、早くから疑問の声が上がっていた。代表的な声を二つ紹介しよう。一つは全国児童相談所長会会長の大久保隆氏、他は前章でも登場した吉田恒雄氏の意見だ。

大久保参考人　児童相談所は、立入調査権や一時保護権が与えられ、虐待家庭への強制的な介入が可能ですが、この権限を行使した場合は、保護者はその後の児童相談所の対応に拒否的になる傾向がかなり強うございます。

児童相談所といたしましては、家庭環境の改善を図るため、立入調査や一時保護後も引き続き保護者への指導援助を実施したいと考えましても、児童相談所との接触を拒むなど、拒否的な対応をなされる保護者が多く、なかなか改善が進まないという状況がございます。

（衆議院青少年問題に関する特別委員会、二〇〇〇年三月二三日）

吉田参考人　カウンセリングの機関でありますけれども、（中略）現在の児童相談所の忙しさ、また役割から見てどれだけそれが可能か、また、介入権限と治療、援助権限が一緒であってよろしいのかという疑問も出てまいります。

私は、この治療に関しましては、すべて児童相談所が行うのではなくて、他機関、例えば民間機関も含めた他機関に児童相談所が委託できるものとするという形（中略）これによって、治療費というのを、特に経済力の乏しい親御さんに対して負担させなくて済むのではないかというふうに思われます。また、児童相談所の相矛盾する機能も解決するのではないかと思われます。

（衆議院青少年問題に関する特別委員会、二〇〇〇年四月二〇日）

吉田氏が、いみじくも「児童相談所の相矛盾する機能」と表現しているように、もともと児童相談所と対立している保護者が、当の児童相談所が行う指導に従うのは難しいということは、すでに早くから指摘されていたのである。

それがわかっていたからこそ、新設された児童虐待防止法は、わざわざ「児童虐待を行った保護者は、（中略）指導を受けなければならない」と書き、さらに加えて「前項の場合において保護者が同項の指導を受けないときは、都道府県知事は、当該保護者に対し、同項の指導を受けるよう勧告することができる」と指導に従わない場合をあらかじめ想定し、知事による勧告という制度を作ったのであろう。ではその実態はどうか。

実は、二〇〇〇年一一月に法律が施行されて以後の約四年間、この勧告がなされたという事例は全国どこを探してもない。ただの一件も行われなかったのは、もちろん保護者の誰もが指導に従って勧告の必要がなかったからではない。現実問題として、それまで指導に従わなかった保護者が、知事の勧告があったからといって手のひらを返したように指導に従うはずもないからであり、現場で実際に児童虐待への対応を行っている者にとって、それはあまりにも明らかだったからである。

何故なのか。端的にいえば、仮に指導を受けなかったとしても、当の保護者には何らのペナルティも生じないからだ。義務といっても法的な拘束力、強制力がなければ任意の意思に頼らざるを得ないわけで、いわば道徳的なものでしかない。だとしたら、虐待そのものを否認したり、児童相談所と激しく対立してきた保護者が、児童相談所の指導を受ける気持ちになるはずもないことは当然だろう。

もちろん、すべての保護者が指導を拒否するわけではない。自分自身の行為を児童虐待であると認め、何とか養育態度の改善を図りたいと願う保護者も多いし、子どもの起こすさまざまな問題行動に、ついカッとなって暴力をふるってしまうような場合だと、保護者への指導とあわせて子どもへの援助も行う、という方針を示すことで納得が得られることもある。ただし、これらはいずれも、保護者の側に指導を受けようとする内的な動機づけがある場合のことだ。

あるいは児童相談所が職権によって子どもを保護したことで、家庭引き取りを願う保護者が指導を受け入れることもある。ただし、だからといって保護者を指導する「手段」として子どもを親から引き離すのは本末転倒といわざるを得まい。対立や不信感のある保護者が、進んで指導を受ける気持ちになるのは、やはり簡単なことではない。

そもそも虐待の禁止を謳《うた》った児童虐待防止法第三条にしても、違反したからといって罰則規定は何もないのである。「よく「児童虐待で逮捕」という報道がされるではないか」と思われる方があるかもしれないが、それらはあくまでも、殺人罪とか傷害罪等によるものであって、罰則規定のない児童虐待防止法違反での逮捕はあり得ないのである。

ここまでをまとめると、要するに、子どもの人権を侵害する大人の犯罪的行為としての虐待を防止するシステムが欠落しているのである。子どもが在宅であるなしにかかわらず保護者の虐待行為を抑制し、保護者を指導に動機づけるためには、道徳的な義務に頼るのでなく、法的強制力のある措置が必要だろう。そのためには児童福祉という枠をこえた法制度の整備が不可欠だ、と私は思う。

大きく違うＤＶ防止法と児童虐待防止法

以上の点は、「配偶者からの暴力の防止及び被害者の保護に関する法律」(以下、ＤＶ防止法)と比較すると、より鮮明になる。

まずは、保護に関する規定を対比してみよう。児童虐待防止法では、すでに見てきたように、「児童相談所長は、必要に応じ近隣住民、学校の教職員、児童福祉施設の職員その他の者の協力を得つつ、当該児童との面会その他の手段により当該児童の安全の確認を行うよう努めるとともに、必要に応じ（中略）一時保護を行う」（第八条第二項）のであり、「児童の安全の確認、（中略）又は一時保護を行う者は、速やかにこれを行うよう努めなければならない」（同条第三項）ことになっている。ところが、ＤＶ防止法では、次のように規定されている。

〔保護命令〕

第十条　被害者（中略）が配偶者からの更なる身体に対する暴力（中略）によりその生命又は身体に重大な危害を受けるおそれが大きいときは、裁判所は、被害者の申立てにより、その生命又は身体に危害が加えられることを防止するため、当該配偶者（中略）に対し、次の各号に掲げる事項を命ずるものとする。ただし、第二号に掲げる事項については、申立ての時において被害者及び当該配偶者が生活の本拠を共にする場合に限る。

1　命令の効力が生じた日から起算して六月間、被害者の住居（中略）その他の場所において被害者の身辺につきまとい、又は被害者の住居、勤務先その他その通常所在する場所の付近をはいかいしてはならないこと。

2　命令の効力が生じた日から起算して二月間、被害者と共に生活の本拠としている住居から退去すること及び当該住居の付近をはいかいしてはならないこと。

一見して明らかなように、DV防止法における保護とは、被害者への接近禁止や住居からの退去命令など、あくまでも加害者に対する行動の制限を意味しているのであり、司法的判断が前提とされている。児童相談所という一行政機関の判断で、被害を受けた児童が住み慣れた住居から分離され、保護されるという児童虐待防止法とは正反対、保護という意味そのものが違っていることがわかるだろう。

ではこの法律に違反すればどうなるのか。DV防止法を見てみよう。

〔罰則〕

第二十九条　保護命令に違反した者は、一年以下の懲役又は百万円以下の罰金に処する。

違反すれば、当然のことながら罰則が科されるのであり、場合によっては命令違反による現行犯逮捕の可能性だってある。ところが児童虐待防止法では、法律が禁止を明記した虐待行為に対しても罰則規定はなく、わずかに立入調査に対してだけ、正当な理由なく妨害した場合に、三〇万円以下の罰金に処するとされているのである。しかも、これとてあくまでも事後的な制裁であって、保護者が拒んだからといってその場で強制的執行を行えるわけではない。

次に警察官の役割についても触れておこう。児童虐待防止法においては、児童相談所長は

「児童の安全の確認又は一時保護を行おうとする場合において」「適切に、（中略）警察署長に対し援助を求めなければならない」（第一〇条第一、二項）のであり、援助の求めを受けた警察署長は、「所属の警察官に、（中略）援助するために必要な（中略）措置を講じさせるよう努めなければならない」（同条第三項）とされている。

「子ども虐待対応の手引き」も、「立入調査等は児童相談所がその専門的知識に基づき、主体的に実施するものであり、警察官の任務ではない」「警察官は警察法、警察官職務執行法等の法律により与えられている任務と権限に基づいた措置を行うということを承知しておく必要がある」「警察官は、児童相談所長等の権限行使の補助者ではない」と述べており、警察はあくまでも援助者の立場にある点が強調されている。

ではDV防止法では、警察官はどのような役割を与えられているのか。以下がそれである。

〔警察官による被害の防止〕

第八条　警察官は、通報等により配偶者からの暴力が行われていると認めるときは、警察法（昭和二十九年法律第百六十二号）、警察官職務執行法（昭和二十三年法律第百三十六号）その他の法令の定めるところにより、暴力の制止、被害者の保護その他の配偶者からの暴力による被害の発生を防止するために必要な措置を講ずるよう努めなければならない。

配偶者からの暴力防止に対しては、警察は一歩踏み込んで主体的に役割を担っているのではないだろうか。

いびつな枠組みの改善を

もちろん、配偶者への暴力と児童虐待とでは、その特徴に応じた対応の違いがあってしかるべきであろう。すべて同じような法制度をつくればよいというものではない。だが、ここまで見てきて明らかなように、児童虐待への対応においては、司法の関与もきわめて不十分であり、警察も児童相談所に対して援助する関係にとどまっている。結果として加害者への有効な働きかけの仕組みもない状況で、立入調査や子どもの保護、さらには保護者の指導に至るまで、困難な実務はすべて児童相談所に一極集中しているのである。

したがって現在の制度では、児童虐待の対応、特に子どもの保護や保護者への指導などは児童相談所こそが全責任を負わざるを得ない。悲惨な児童虐待事件が起こるたびに、マスコミも含めて多くの人から、時には裁判所の判決文においてさえ児童相談所が厳しく批判されるのは、そのためである。むろん私たち児童相談所の職員は、その批判を甘んじて受ける覚悟はあるし、日々の業務においても、児童虐待は子どもの命にもかかわる重大なことであると自覚し、より適切な判断と実践を行う決意を固めている。

だが敢えていうなら、(「子どもの権利条約」にも抵触するかのような)一時保護に関する児童相談所長の強大な権限と、もう一方で保護者を指導することについての何らの権限のなさ。このアンバランスこそが、わが国の児童虐待対応のいびつさを生み出している、と私は考える。

このいびつさを抜本的に改める児童虐待防止の枠組みが整備されない限り、児童虐待の根本的な解決は難しい、といわざるを得ないのではないだろうか。

2　親子の分離と再統合

キャッチアップ現象

学校から次のような虐待通告があった。

「育ち盛りの中学生だというのに、この半年間、体重が逆に減少しています。最近では、一日の食事がコンビニで買った菓子パン一個ということもありましてねえ」

さまざまな要因が重なり、衣食住すべてにわたって劣悪な状況が続いているというのである。

他方、保護者は改善の努力をするどころか、援助すら拒否するばかり。そこで児童相談所は、職権による一時保護を行い、児童福祉施設に入所させたのであった。

そして数カ月後、久しぶりに児童福祉施設を訪問してみると、子どもの風貌が見違えるほどにしっかりし、すっかり変わっているのである。特に驚かされたのは、目立って身長が伸びていたことだ。

あるいは幼児の例。離婚した母は、幼児や小学生たちと生活しているのだけれど、十分な監護が行き届かない。それどころか、しばしば家を留守にしてパチンコなどに興じており、残された子どもが勝手に出歩くのである。幼児の場合は事故の危険も高いし、満足な食事も与えられないため、小学生と連れだってスーパーで万引きもしてしまう。そうしたことが重なる中で子どもを保護したのだが、一時保護所で生活している間に子どもの様子がめきめき変化する。

「言葉もずいぶんしっかりしてきましたよ」

「今はここの生活が楽しいみたいです、ええ、家に帰りたいなんて、言わないですね」

一時保護所のスタッフからはこんな声が伝えられてくる。

ここで例示したような子どもの変化は決して偶然のことではない。「子ども虐待対応の手引き」にも、「虐待を受けている子どもの中には、一時保護の間に身長や体重がぐっと伸びる子もある」と述べられており、「キャッチアップ現象」と呼ばれている。一般的にこの現象は、急激な栄養不良や重病などによって成長発達が遅れた子どもが、再び十分な栄養が与えられるとか病気から快復することによって成長が促進され、やがては遅れがなかったときと同じような成長パターンに戻ることをいうのだが、それが児童虐待を受けた子どもの場合にも当てはまるのである。虐待環境から保護されると、再び成長発達が促される。

だから深刻な虐待の場合、直接的な暴力の危険から身を守ることはいうに及ばず、こうした不適切な養育環境から子どもを保護し、ある程度長期にわたり安心して生活できる場を確保することが不可欠となる。

子どもを保護するための司法の役割

このような場合、現行制度において最も現実的な選択は、虐待が行われている家庭から子どもを分離し、児童福祉施設へ入所させ、あるいは里親へ委託することだ。

とはいえ多くの保護者は、虐待行為そのものを真っ向から否定し、仮に行為自体は認めても、それを虐待であるとは認めようとせず、児童福祉施設への入所など、頭から拒否することが多い。そのため、保護者のもとに返せば再び虐待が再燃する危険性が高いと判断する児童相談所と、虐待自体を否認し、引き取りを強く希望する保護者との対立は必然的に激化してしまう。

「しばらく児童福祉施設で生活させることが必要だと思いますよ」

一時保護を実施することはできても、児童福祉施設へ入所させたり里親に委託する権限までは与えられていない児童相談所は、まずは粘り強く説得するのだが、同意する保護者がほとん

どいないのは、今述べたとおりである。曰く、

「施設入所に同意したら虐待を認めたことになる。そんなこと、できるはずがない」

「あんたは人の気持ちがわからんのか。早く子どもを返せ！」

「もうしないと言ってるのに、どうしてそれが信用できないんだ」

「「児童相談所が一生責任を持つ」と一筆入れろ！　だったら同意してやる」

こうして抜き差しならぬ対立関係に陥った場合、ではどうすればいいのか。児童福祉法はこのような場合も想定して、次のような規定を設けている。

第二八条　①保護者が、その児童を虐待し、著しくその監護を怠り、その他保護者に監護させることが著しく当該児童の福祉を害する場合において、第二十七条第一項第三号の措置を採ることが児童の親権を行う者又は未成年後見人の意に反するときは、都道府県は、次の各号の措置を採ることができる。
一　保護者が親権を行う者又は未成年後見人であるときは、家庭裁判所の承認を得て、第二十七条第一項第三号の措置を採ること。（以下略）

「第二十七条第一項第三号の措置」とは、「児童を里親に委託し、又は乳児院、児童養護施設、

知的障害児施設、知的障害児通園施設、盲ろうあ児施設、肢体不自由児施設、重症心身障害児施設、情緒障害児短期治療施設若しくは児童自立支援施設に入所させること」をいうのだが、端的にいえば、こうした児童福祉施設への入所や里親への委託は、保護者の意に反して行うことはできない。ただし虐待などがあって著しく児童の福祉を害する場合には、第三者である司法の判断を仰ぎ、家庭裁判所の承認を得ることで、この措置が可能となるというわけだ。

しかし、このような形で家庭裁判所に申立てを行う件数(請求件数)は、児童虐待があったとして入所・委託措置をとった件数と比べると、かなり少ない。何故なのか。

こんな例があった。まだ二歳になったばかりの幼児である。

「登園してきた子の頬や額に傷があります。しかもよく見ると、背中にも出血したような痕《あと》がありまして、放置できないと思うんです」

ただちに保育所を訪問し、子どもの状態を確認したうえで、即日、職権による一時保護を行った。だが両親は、虐待の事実を頑強に否定する。

「しつけで叩いたことはあっても、そんな傷に覚えはない」

「転んだ時に、机か何かで打ったんじゃないか」

「虐待だと言うけど、あんたらは現場をみてないだろ！　何を証拠に子どもを連れて行くんだ。絶対に許さんからな」

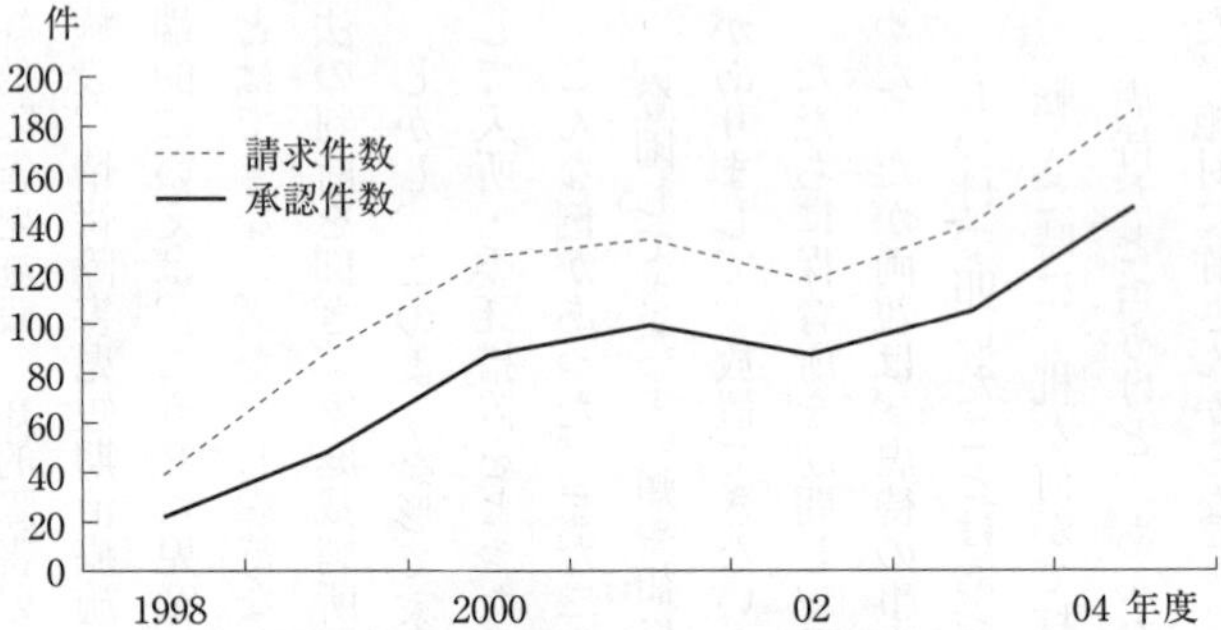

出典：厚生労働省「社会福祉行政業務報告」

図 4-1 児童虐待防止法第 28 条(家裁の承認を得て行う施設入所措置)に基づく請求・承認件数

虐待の事実を否認し、児童相談所が子どもを保護したことに激しく抗議するので、勢い面接は長時間となり、深夜にまで及んでしまう。そこで児童相談所は、家庭裁判所への申立てを行うことを決意する。ところが申立ての直前になって、保護者は一転、施設入所に同意したのである。おそらくは、虐待といわれてもやむを得ない事情があったのだろう、裁判所での争いは避けたいという気持ちが働いたとしか考えられない。

このように、当初は激しい対立関係にあっても、児童相談所があくまでも子どもの安全を優先し、毅然として家庭裁判所に申立てを行うという方針を決定すると、その段階で入所に同意する保護者は多い。

とはいえ、図4－1を見ればわかるように、家庭裁判所への請求件数は増加傾向にある。これは、子どもの安全を第一に取り組むよう社会的な要請が強まったことの一つの現れであり、また、保護者との対立を避け、何とか話し合いで納得を得ようとする動きが主流だった児童相談所が、こうした条項を積極的に活用するという方針に転換した結果でもあろう。請求件数に比べて承認件数が少ないのは、請求後に保護者が施設入所等に同意し、児童相談所側が請求を取り下げる例などもあるからだ。

なお、虐待がより深刻な場合、児童相談所長は、家庭裁判所に対して親権喪失宣告の請求を行うことができる点も付け加えておきたい。ただしその請求は、全国で年間数件にとどまっているのが現状である。

非行への対応と虐待への対応

ところで児童虐待における司法の関与を考えると、家庭裁判所は、児童相談所の請求に対してその諾否を決定するにとどまっているといって差し支えない。では司法の果たすべき役割、家庭裁判所が担うべき業務は、これで十全といえるだろうか。

すでに述べたように、児童虐待においては、当の加害者が実は最も援助を必要とする人であり、あるいは人権侵害である児童虐待から子どもを守ろうとする行為が、住居への不可侵を含む保護者の権利と正面からぶつかってしまう。こうした矛盾や利害の対立が存在する以上、司法はその役割を深く自覚し、児童虐待に対してもっと積極的に介入しなければならないはずである。だが、率直にいって司法側の腰は重い。そこへ、現状の変革にむけて鋭く切り込む人がいた。

「日本には立派な手本があるじゃないか」

「手本って言うと?」

「少年非行に対する法制度だよ」

こう言われて、私はすぐに納得した。少し遠回りになるが、少年非行に関する法制度を概観しておこう。

非行問題について考えるとき、私が常に思い起こすのは次の一節である。

〈家庭学校には、どのような少年がいますか。そう問われて、私たちは被害者である少年たちがいると答えるのです。しかし、当の本人がもし被害者意識でいる、被害者気取りでいるとしたら、問題はまったく別だと思うのです。少年がいろいろと泣き言をならべ、自分はその被害者だと思っているとしたら、私はその甘えを許さないだろうと思うのです。〉

(谷昌恒『いま教育に欠けているもの——私の道徳教育論』岩波ブックレット、一九八五年)

家庭学校は、今でいう児童自立支援施設。いわゆる非行を犯した子どもたちが入所し、立ち直るために生活する児童福祉施設であり、著者は当時の北海道家庭学校長だ。

彼はここで、非行を犯して入所してきた子どもたちに、被害者意識ではなく、「加害者としての自覚」「深い罪の意識」を求め、なおかつ彼らを、あくまでも「被害者として」遇するのである。複雑な家庭背景を持ち、保護者から虐待や遺棄されて育った末に問題を犯した子どもたちに対するには、そんな接し方がやはり必要なのだ、と私も思う。

だが、考えてみれば、少年非行を扱う少年法は、もともとそうした理念に基づいて運用されているのである。二〇歳未満で犯罪を犯した少年は、成人の場合と違って家庭裁判所の審判に付され、その審判は、「懇切を旨として、和やかに行うとともに、非行のある少年に対し自己の非行について内省を促すものとしなければならない」(少年法第二二条)のだ。

審判で決定される具体的内容を見ると、不処分もあれば在宅での保護観察もあり、また少年院送致決定もある。加えて凶悪事件などを犯したりすれば家庭裁判所だけで処分が完結するとは限らない。場合によっては検察庁に再送致され、成人の刑事事件と同様の裁判を受けなければならない。あるいは逆に、福祉的対応がベストであると判断されれば、事件は児童相談所長に送致され、児童福祉法上の援助が行われることもある。要するに、加害者であると同時に、過酷な生育の歴史を背負い、被害者的側面もあわせ持つ少年に対しては、非行事実だけでなく、家庭環境その他、さまざまな要因を総合的に考慮して、それらに見合った柔軟な処分がなされるのである。

ひるがえって、児童虐待をする保護者はどうか。よく考えると、加害者であるだけでなく被害者的側面を持ち、援助を必要とはするが自らそれを拒否してしまいがちな点など、非行少年の置かれている状況とは共通点も多いのではないだろうか。だとしたら、児童虐待を行う保護者に対し、加害者としての自覚を求め、かつ適切な援助を提供するためには、司法の積極的な関与が不可欠だし、その意味でも少年非行への対応システムはおおいに参考となる、私はそう直感したのであった。

児童虐待を行う保護者への対応は、虐待の態様などもふまえながら司法が適切に関与し、非行少年への対応と同様、ある時は強制力を加え、ある時は福祉的に援助していく、そのいずれもが可能でなければならないのではないだろうか。

家庭裁判所の勧告

さて、児童虐待への対応が児童相談所へ一極集中することで矛盾が激化しているという現状もあってのことだろう、司法の関与を強めるべきだという意見は次第に広がっていった。

たとえば、社会保障審議会児童部会の中に設置された「児童虐待の防止等に関する専門委員会」の報告書(二〇〇三年六月)は、「取り組みの方向性」として、次のように述べている。

〈保護者に対する指導のあり方については、親子がともに生活していくことを目指す以上、現行制度の効果的な活用はもとより、司法が関与することによって、保護者指導の動機付けや実効性を高めるための仕組みの導入は、重要な課題。このため、司法の枠組みに適するように制度を設計することを前提に、制度導入を検討することが必要である。〉
〈現行制度上、無期限措置となっている家庭裁判所の承認に基づく保護者の意に反する施設入所等の措置については、人権保障の観点からの手続きの適正化という観点や、保護者が将来の見通しを持てることで家庭復帰に向けた指導を効果的に行い易いという観点から、家庭裁判所の承認に基づく施設入所等の措置は期限付きのものとし、必要に応じ、再審査をするなどの仕組みの導入に向け、内容や要件などを検討することが必要である。〉

専門委員会のこうした報告も受けて児童福祉法第二八条は改正され、いくつかの条項が付け加えられたのであった。

たとえば新たに設けられた第二項。

②前項第一号及び第二号ただし書の規定による措置の期間は、当該措置を開始した日から二

年を超えてはならない。ただし、当該措置に係る保護者に対する指導措置(中略)の効果等に照らし、当該措置を継続しなければ保護者がその児童を虐待し、著しくその監護を怠り、その他著しく当該児童の福祉を害するおそれがあると認めるときは、都道府県は、家庭裁判所の承認を得て、当該期間を更新することができる。

わかりやすくいえば、たとえ家庭裁判所の承認があっても、保護者の意に反して児童相談所が子どもを入所させ、または委託できる期間は二年までであり、それ以上の期間にわたって入所を継続させたいのであれば、家庭裁判所に再度の申立てをしなければならないということである。

新しい条項を、もう一つ紹介したい。第二八条第六項である。

⑥家庭裁判所は、措置に関する承認の審判をする場合において、当該措置の終了後の家庭その他の環境の調整を行うため当該保護者に対し指導措置を採ることが相当であると認めるときは、当該保護者に対し、指導措置を採るべき旨を都道府県に勧告することができる。

よく読んでいただきたいのだが、家庭裁判所が勧告するのは、児童虐待を行った保護者に対してではなく、あくまでも都道府県（すなわち児童相談所）に対してである。したがってその内容は、「保護者を指導しなさい」といったことにならざるを得ない。

これらの規定が設けられたことをもって、司法関与が強化されたという意見があるが、果たしてそうだろうか。確かに、第二八条による入所等の措置期間が二年間に限定されたことは、実務上ではさまざまな課題が生じるとはいえ、「人権保障の観点からの手続きの適正化」、あるいは「保護者が将来の見通しを持てることで家庭復帰に向けた指導を効果的に行い易い」といった点からすれば、一定の意味があるといえなくもない。しかし、家庭裁判所が児童相談所に対して勧告するというのはどうだろう。私たちが望んでいたのは、もっと積極的な内容、つまり家庭裁判所が保護者に直接向かい合い、指導を受けるよう義務を課すということであった。だから現場の児童相談所職員からは、こうした改正案が出た段階で、次のような批判の声が上がった。


「保護者に勧告しなければ意味がない」

「このような勧告で保護者が指導にのるとは想像しがたい」

「裁判所主体の関わりが必要」

「親への指導、ケアについては、もっと深められるべき」

やはりこれでは、隔靴《かっか》搔痒《そうよう》の改正というほかないのではあるまいか。

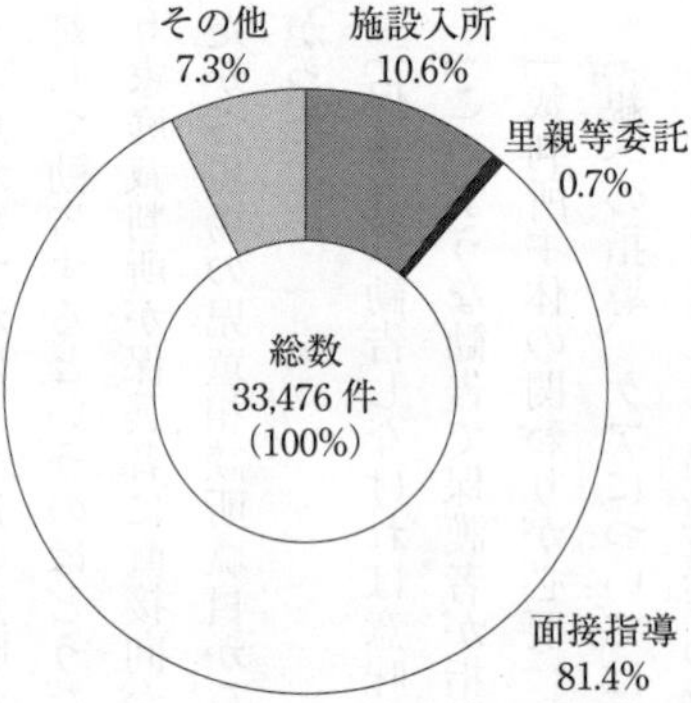

出典：厚生労働省「社会福祉行政業務報告」

図 4-2　虐待相談の対応状況(2004 年度)

児童福祉施設の実情

さて、児童虐待があって親子分離され、児童養護施設などの児童福祉施設に入所した子どもは、二〇〇四年度では三五二七人、虐待通告に対する対応状況からすると、全体の約一割となる(図4-2)。

では彼らは、そうした施設で十分に安全を保障され、適切なケアを受けているだろうか。この点を考えるため、まずは虐待防止法制定に向けての第一歩となった一九九九年七月の国会審議を思い起こしてみよう。衆議院青少年問題に関する特別委員会の場で気魄《きはく》をこめて訴えたのは、参考人として招かれた「子どもの虐待防止ネットワーク・あいち」代表の故祖父江《そふえ》文宏《ふみひろ》氏である。

祖父江参考人　先生方にあえて私申し上げたいのですけれども、あのバブルの時代を経、あれだけの経済成長の時代を経てきた日本が、昭和二十二年以来の(児童福祉施設)最低基準をほとんどそのままの形で継承している事実、このことに対しては、先生方にも大きな責任を感じていただきたいというふうに思っております。

つまり、虐待を受けてきた人たちが施設に入ったとき、守られていると感じられること、それから、安心できる場所であると感じること、そのことが絶対に心のいやしには必要になります。けれども、果たしてそれにこたえられるだけの条件を養護施設が持ち得てきたろうか。また、養護施設をそういう状況のまま置き続けてきた責任はだれにあるのか。このことを国民の一員として先生方に、政治をつかさどる皆様方にあえて言いたいというふうに思います。

例えばその住環境をとらえてみると、現在でも一室十五人以下という規定です。これで果たして心に傷を受けた人たちのいやしの場となり得るだろうか、これをじっくりと考えていただきたいと思います。

一人当たりの面積、三・三平米といいます。しかし、これにはマジックがあります。（中略）最低基準の上では一人当たり三・三平米、それに定員を掛けてください。しかし、そこから引き算をしなければならない仕組みです。それはなぜかといったら、例えば静養室、医務室、玄関、廊下、トイレ、さまざまなものはこの建築補助の平米数には入っていません。

そうしますと、具体的にどういうことになるか。三・三平米、一室十五人以下という規定がありながら、一人一人の占める占有面積というのはそこから引き算していきますから、養護施設の大部分がいまだに二段ベッドに頼っているのは、決しておしゃれでやっているわけじゃないのです。それしか空間がとれないからだとわかります。

このことを昭和二十二年以来、少しずつではあるけれども、改善されたというけれども、基本的にはこのことを残してきました。これは、小さい人たちに対する、私たち先に生まれた者がきちっと責任を果たしてこなかった結果だと思います。

あえて申しますと、虐待の問題は今起きたのではないのです。虐待をめぐるさまざまな問題は、これまで大人が何もしてこなかったために起きていることです。その救済に無力であったということは、今無力であるということは、これまで私たちがその責任を何も果たしてこなかったということです。このことを十分にお考えいただきたいと思います。

最低基準では、三歳以下二対一、三歳以上四対一、少年六人に一人の職員を配置するとあります。しかし、二十四時間の収容施設の養護施設でありながら、職員配置は、夜勤体制をとっていませんから二十四時間分ないのですね。このことを考えられますでしょうか。つまり、この養護施設をつくったときの基本は、養護施設に入る人たち、虐待を受けている人たちも施設に入れればそれで済む、こう考えてきたのだと思います。そのため、セラピーのため、治療のための職員の、専門職の配置はいまだにないということが現状としてあります。

ですから、どうかこれから先、養護施設の環境もきっちりと整えていくことをぜひおやりいただきたい。これが、私たちが二十二年以来積み残してきたことだというふうに思います。最後に、もう一言だけ言います。虐待の問題というのは、決して新しい問題ではありません。それは、この事態に対応し切れなくなっている原因は、実は私どもが果たしてこなかった責任の累積だというふうにお考えいただきたいと思います。

児童養護施設に対する政治の貧困を訴えた祖父江氏のこの発言は、果たしてしっかり聞き届けられただろうか。この発言から約六年後、児童虐待防止法も成立し、また改正もされた二〇〇五年八月に全国児童相談研究会(児相研)が行った会員アンケートのうち、児童福祉施設の現状に関する回答の一部を紹介してみよう。答えているのはおもに児童相談所や児童福祉施設の職員だ。

○子どもたちは複雑な問題を抱えて入所しているのに、一人一人の子どもに対応する時間が少ない。子どもが抱えている問題に対応しきれていないのが現状。
○子どもの入所人数も、子どもの抱えている状況も深刻化していて、限界ぎりぎりの状況のなかでやっていると思います。
○施設職員に心理職、ファミリーケースワーカーなどが配属されるようになったが、根本的な配置基準が改善されていないので、職員はこれまで同様、子どもたちに日課をこなし、集団生活のルールを守らせることに精一杯で、精神面でのサポートには、まだまだ手が回らないのが実情。

○「ヒト」も「カネ」も不十分な中、よく頑張ってらっしゃっていると思いますが、個々人や個々の施設の努力だけに任せるのは、そろそろ限界ではないでしょうか？　児童福祉施設最低基準を何とかしないと、どうにもならないように思います。

○（施設内で）体罰、性虐待などの事件がおきてしまい、職員は次々とやめていってます。ベテランの職員が育っておらず、労働条件がきびしすぎるなかで若い職員の熱意だけではやっていけない現状がある。子どもたち同士のいじめなどの問題も根深く、目が届いていない状況で、子どもの権利が守られていない。

○施設設備、人材等、不十分。悪すぎる。

○児童養護施設、児童自立支援施設等の児童福祉施設は、治療的ケアを要する施設へと移り変わったが、衣食住を保障する施設の時の基準に留まっている。施設入所する子どもの大半は発達的リスクを抱えており、精神科等の医療機関に通院する子どもの数は年々増えている。施設は、ますます多様化した機能を求められるが、児童福祉施設最低基準そのものは旧態依然の状況であり、治療的ケアを要求されるには限界がある。まさに、施設も児童相談所も職員の自助努力によって成り立っている。財政的裏打ちをしない小手先の改革では、子どもにも、親にも、そして職員にも負担が増えるばかりである。
○施設内で児童間の暴力や性的問題が生じているが、なかなか適切に対応できないで困っている。職員数の不足、二八条申立て事例など困難ケースの増加なども加わって、現在の施設の体制では解決が困難と思えるような状況もあり、苦慮している。
○職員の専門性が十分確立されてない。恐らく労働条件の問題もあると思う。
○子どもの状態に合わせたきめこまやかな対応をするには職員数が少なく、問題が大きい。

実際に業務に従事している職員からは、まさに悲鳴ともいえるような声が聞こえてくる。ではどうすればいいのか。全国児童相談所長会は、すでに二〇〇三年六月、厚生労働省に対して行った「児童虐待防止対策の充実にむけての要請」の中で、児童養護施設に関して次のように求めていた。

〈虐待を受け心の傷（トラウマ）を背負った子どもの重要な生活の場である児童養護施設は、その設備や運営の水準が他の福祉施設に比較して大きく立ち後れています。
被虐待児童等、より個別的な対応を必要とする処遇困難な児童が増加している実態も踏まえて、児童養護施設最低基準を改善し、ゆとりを持って子どもと向き合えるよう次のような処遇体制の充実を求めます。
(1)児童の個別的な援助が可能となるよう職員配置基準を改善すること。
(直接処遇職員の配置基準、六対一を二対一に改善)
(2)子どもの発達を保障できる生活環境となるよう個室や二人部屋を拡充整備すること。
(児童の居室一室の定員一五人以下、一人当たりの面積三・三平方メートルを見直し、一〇・六五平方メートルとする(老人福祉施設と同等))
(3)心理療法担当職員の配置など、児童の心のケア体制を充実すること。
(常勤の心理療法担当職員及び被虐待児個別対応職員を全施設に配置)
(4)地域小規模児童養護施設の整備を促進すること。
(5)施設等への一時保護委託に係る経費を増額すること。〉

最低限この程度の体制充実が図られねば、本当の意味で、保護された子どもの安心、安全は守れないのではないだろうか。これらの要請に対しては、いくつかの面で予算措置がとられ、改善の兆しもあるとはいえ、根本的な解決にはほど遠いといわざるを得ないのである。

里親への委託

ところで、児童虐待のために親子分離が必要となったとき、受け入れ先は必ずしも児童福祉施設ばかりではない。件数的にはまだまだ少ないが、里親家庭への委託というのも重要な援助方針である(二〇〇四年度では虐待相談への対応件数の〇・七%。図4-2参照)。特に、二〇〇二年一〇月に新たに設けられた「専門里親」は、「二年以内の期間を定めて、要保護児童のうち、児童虐待の防止等に関する法律第二条に規定する児童虐待等の行為により心身に有害な影響を受けた児童を養育する里親として認定を受けた者」(里親の認定等に関する省令)とされ、今後が期待できる制度といえるであろう。

保護者との関係が悪化し、体罰やネグレクト状態が限界を超えた中学生を、発足間もないこの制度を利用して専門里親へ委託をしたことがある。この事例では、児童養護施設へ入所させれば転校せざるを得ず、子どもにとっては負担感も大きくなるところを、ちょうど学区内に住む専門里親が快く引き受けてくれたのである。この里親家庭は、従来からたくさんの子どもの委託を受けて養育経験も豊富だったため、虐待を受け、なおかつ思春期の難しい時期にある子どもともうまくかかわり、窮地を救うことになったのであった。

ただし、専門里親を含む里親数は一時期に比べて減少し、その重要性に見合うだけの数が不足している。そのため、政府が策定した「子ども・子育て応援プラン」は、二〇〇九年までに、児童養護施設、乳児院、里親に措置された児童のうち、里親への委託率を、二〇〇四年の八・一%から一五%へ、専門里親も一四六人から五〇〇人へ引き上げるという目標を掲げたのであった。

なお、「子ども虐待対応の手引き」は、次のように述べて、児童相談所と里親の連携を深めるよう求めている。

〈個別的で、親密な人間関係を保障する里親養育は、虐待を受けた子どもの援助において大きな可能性を有している。(中略)一方で、里親養育には、その特徴ゆえの困難さもある。個別的であるがゆえに施設のように各種専門職員の連携、援助が期待しにくい。また、親密な人間関係ゆえに里親と子どもの関係がうまくいかなかった場合、委託された子ども、里親ともに傷が深いものとなる。〉

〈里親は子どもにとって重要な社会資源であり、相互の密接な連携を図ることは言うまでもないが、他方里親はクライエントとしての側面も有する。特に、虐待を受けた子どもの場合、(中略)問題行動等が出やすいので、児童相談所や市町村、施設による里親援助、児童相談所等と里親との緊密な連携がとりわけ重要となる。〉

さまざまな事情が重なり、本来ならばこうした子どもたちの受け皿となるべき里親が、委託された幼児を叩いて死亡させるという不幸な事件も実際に発生しており、児童相談所は、里親担当の専任児童福祉司を配置するなど、里親との連携、支援をよりいっそう強めなければならないといえよう。では、実態はどうなのか。児童相談所の抱える問題は次章で述べることとして、ひとまず話を先へと進めたい。

親子の再統合

ある勉強会の席で、小学校の教師から声をかけられた。

「かれこれ十数年前になるでしょうか。その頃に担任した子どもと、最近になってばったり出会いましてね。「あのときは先生に助けてもらいました」とお礼を言うんです」

「といいますと?」

「実は夜遅く、その子が私の家を訪ねてきたことがあったんです。「どうしたのか」って訊《き》いたところ、「家から逃げてきた」と言うんです。今でいう児童虐待ですね。私も迷ったんですが、放っておくわけにもいかないし、児童相談所に連絡して保護してもらいました。その後は確か児童福祉施設に入所させてもらったと思います」

「本人はもう自立しているんですが、親御さんとは今もあまりかかわりはないようです」

挨拶程度のやりとりで、詳しい事情は不明だが、児童虐待は子どもの一生にとっても重大な岐路となるといっていいだろう。

第一一条 ①児童虐待を行った保護者について児童福祉法第二十七条第一項第二号の規定により行われる指導は、親子の再統合への配慮その他の児童虐待を受けた児童が良好な家庭的環境で生活するために必要な配慮の下に適切に行われなければならない。

これは、二〇〇四年の児童虐待防止法の改正にあたって、新たに設けられた条項である。というのも、この時の改正で焦点の一つになったのが、親子の再統合に向けた取り組みだったのである。二〇〇〇年の法律制定時は、どちらかというと、いかにして虐待の発見と子どもの安全確保を行うかが議論の中心だったが、法律施行後三年間の経過をふまえ、「発生予防から虐待を受けた子どもの自立に至るまでの切れ目ない支援」(「社会保障審議会児童部会報告書」二〇〇三年一一月)が必要であるとの認識が広がったことが、その背景にあるといえよう。これは当然のことである。だが……。

深刻な虐待のため職権で一時保護し、激しい対立なども経て何とか母の同意を得、児童福祉施設へ入所させた子どもがいた。その後は母子の面会などに取り組み、母も児童相談所の援助を受け入れ、指導にも応じ、家族関係も少しずつ改善していったのだが、ちょうどその頃、母が電話してきた。

「あのう、遠方のおばあちゃんが危篤なんです。いえ、私の伯母にあたる人で、すごく世話になったものですから、最後に子どもの顔を見せてやりたいんです。施設から子どもを外泊させてもいいでしょうか」

母は生みの親の顔すらよく知らず、実際には伯母夫婦に育てられたことを、私たちは知っていた。遠くに住むその伯母が危篤となり、今から急ぎ出発する、是非にと懇願されれば、数少ない身内の重大事である。むげには拒否できない。

ところが、伯母宅から戻った母が態度を変え、子どもを施設に返さない。

「再度一緒に暮らせるよう、これまで計画的に進めてきたでしょう。今度失敗したら取り返しがつかなくなります。そのためには今しばらく施設に預け、しっかり関係を回復することがたいせつなんです」

道理を尽くして説得するが、母は応じない。かといって親子分離が最終目的ではない児童相談所として、単純に職権を発動して子どもを分離・保護すればいいというわけにもいかない。苦渋の末、最後は家庭引き取りを認めたものの、その後しばらくして危惧したとおりの虐待が再燃する。そして再度の一時保護、再度の施設入所、再度の家族関係修復プログラムの取り組みという経過を辿ることになるのである。

二〇〇一年八月、ポリ袋詰めにされた小学生の遺体が、尼崎市の運河に浮かんでいたという衝撃的な事件があったことを覚えているだろうか。実はこの事件も、虐待によって児童養護施設に入所していた子どもが、夏休みで一時帰省していた時に暴行を受け、死に至ったのであった。

すでに述べたように、児童相談所には保護者を指導に従わせる権限は何もない。そうしたなかで、子どもの安全確保を第一にし、なおかつ面会、外出、外泊などにも取り組み、親子の再統合を目指さなければならないのである。法律を注意深く読めば、児童が良好な家庭的環境で生活するために、「親子の再統合への配慮その他の（中略）必要な配慮」（傍点引用者）が求められると書かれており、すべてを元の家族に戻すのではなく、状況に応じて里親への委託なども含めた援助が求められるのではあるが、いずれにせよ実際の取り組みには困難がつきまとうというほかない。

児童相談所は今、試行錯誤しながらも家族再統合のプログラムを研究、開発したり、さまざまな実践を続けているところである。

第五章　児童相談所はいま

虐待防止の学術集会

二〇〇四年一二月、私はわずかに足を震わせ、会場ほぼいっぱいの参加者に見つめられて壇上に立っていた。舞台正面には「日本子どもの虐待防止研究会第一〇回学術集会福岡大会」の看板。三〇〇〇人が収容できるという福岡国際会議場でのことだ。これだけの人を前にするのは初めてで、さすがに緊張してしまう。

この「日本子どもの虐待防止研究会(JaSPCAN)」は、その後「日本子ども虐待防止学会」と名称を変更したが、一九九五年の大阪大会を皮切りに、毎年学術集会を開催してきた。おそらく、わが国の児童虐待問題に関する最大の集会といっていいだろう。むろんそれは規模だけのことではない。研究会(学会)所属メンバーはもとより、医療、福祉、教育、司法その他、何らかの形で児童虐待に関係する各界、各分野の実務者、研究者、専門家が参加し、加えて厚生労働省、文部科学省、最高裁判所、また警察庁等からも取り組みの現状や課題について講演を受けるなど、まさにわが国の児童虐待問題にかかわるあらゆる団体、あらゆる職種の人々が一堂に会して議論する場なのである。そして、本集会が開かれた二〇〇四年一二月といえば、おりしも改正された児童虐待防止法が一〇月に施行され、また児童福祉法改正案も一一月末に全会一致で可決・成立したところであり、児童虐待への対応にとっては大きな節目となる時期であった。しかも記念すべき第一〇回大会。私は、この大会の全体会シンポジウム「児童福祉法、虐待防止法の改正を受けて」において、短時間ながらシンポジストとして発言の機会を与えられたのであった。

児童虐待に対してはさまざまな切り口からのアプローチが必要だし、かかわる分野によって果たすべき役割も異なり、参加者の関心も多種多様といっていい。ではそうしたなかで、児童相談所の現場から、いったい何を訴えればいいのか。

「……今この会場には、児童虐待の問題を解決しようとして、たくさんの方がお集まりになっています。けれども、これだけの人数がわが国の児童虐待に対応するすべての人であったとしたら、どうでしょう」

迷っているうちに、自然に口をついて出たのはこんな言葉だった。

「というのも、児童虐待に対して最前線で取り組む児童相談所の中でも、とりわけ重要な役割を担う児童福祉司の数、つまり日本国中のすべての児童福祉司を足した数は、今この会場にいる人よりも確実に少ないのです。しかもその児童福祉司は、児童虐待だけに対処すればいいというのではありません。虐待はもちろん、非行や不登校などを含む年間三十数万件にのぼる児童相談のすべてに応じているのです。それが全国でたったの一八一三人。果たしてこれで、

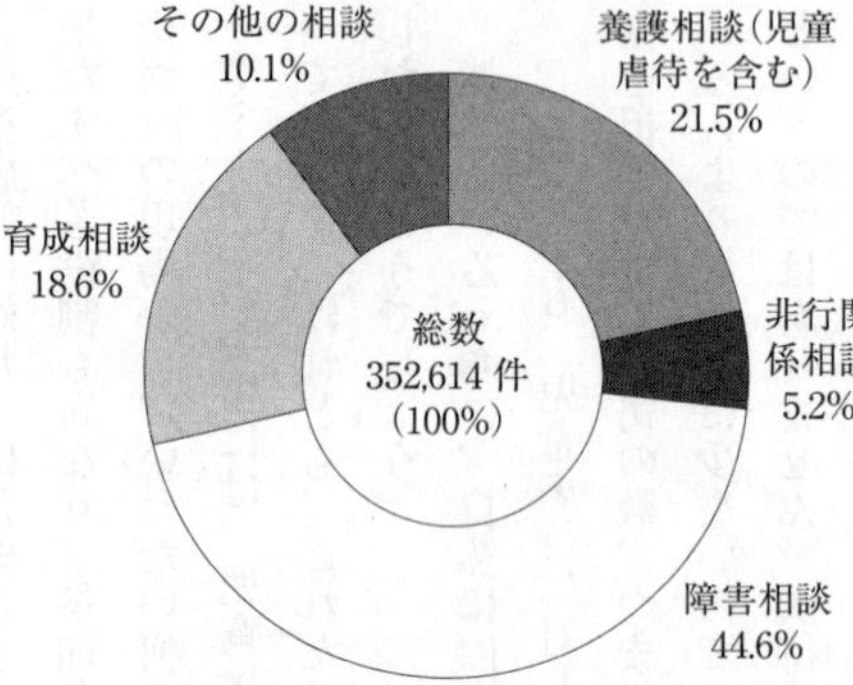

注：児童相談所に寄せられる相談の種類は，大きく分けると養護相談(児童虐待を含む)，障害相談，非行関係相談，育成相談(不登校相談など)，その他の相談に分類される．2004 年度は，前年度よりも約 8000 件近く増加．近年の傾向としては，養護相談，非行関係相談が増加傾向にあるのに対して，障害相談は減少傾向となっている．

出典：厚生労働省「社会福祉行政業務報告」

図 5-1　児童相談所における相談受付の内訳(2004 年度)

本当に児童虐待に対して適切な対応ができると言えるでしょうか」(児童相談所が受け付ける実際の相談件数は図5－1を参照のこと)

カナダの若者に問われたこと

こんな発言をしたのは、おそらく私の気持ちの中に、長い間引っかかっていることがあったからだ。少し時計を巻き戻し、児童虐待防止法が初めて成立し、一一月の施行を目前にしていた二〇〇〇年九月のカナダに降り立ってみよう。

私も所属している全国児童相談研究会(児相研)は、一九七五年の創設以来、「児童相談および児童福祉分野の相談機関等のあり方及び現代の子どもの問題などについて、自主的な研究活動を行う」「子どもの権利条約などに示される子どもの権利の実現に努力する」ということを会の目的として掲げてきたのだが、虐待への対応が新しい段階を迎えたこの時期、二一世紀児童福祉の進む方向を見据えて初めての海外研修を企画したのである。多忙な業務の合間を縫って、駆け足でカナダ・トロントを訪問した。

これから紹介するのは、その中のひとこま、現に児童福祉のケアを受けている若者との交流のため、ＰＡＲＣ(Pape Adolescent Resource Centre)を訪問したときのことだ。

「皆さんは、日本の児童養護施設に入所している子どもたちとも交流があると聞きましたが、彼らについてはどんな印象を持ちましたか？」

「うーん、おとなしい感じですね」

「特に性的な問題については、あまり話そうとしません」

若者たちは、里親やグループホームで生活しながら、夕方になるとここに集まってきては、自立に向けたさまざまな取り組みを行っている。トロント滞在中には、研修の一環としてグループホームも訪問したのだが、率直にいって、日本の児童養護施設とは比較にならないほどの手厚い援助が保障されていると感じられた。そのうえ、そういったケアを受けながら、さらにこうして若者たちが集う場も用意されているのである。

少しずつうち解けた頃に、今度はカナダの若者が質問してきた。

「日本では、ケアを受けている子どもたちが、ソーシャルワーカーになかなか会えないって聞いたんですけど、本当ですか？」

「……」

この質問に、私たちは絶句した。正直にいえば、この問いかけに対して最初に脳裏をよぎったのは、日本とカナダの児童福祉実施体制における圧倒的な格差である。たとえばトロントのあるカナダ・オンタリオ州の人口は、二〇〇〇年の時点でおおよそ一一六七万人。このエリア内に、日本の児童相談所に近い業務を行うＣＡＳ（子ども保護援助協会）は五〇箇所以上設置されているらしく、直接サービスに従事する職員の数も、当時で四二〇〇人を超えていた。単純にいえば、日本の児童福祉司の二〇倍以上ともいえる人員配置という計算になる。

しかし、子どもたちを前にすれば、それは理由にならない。日本であれカナダであれ、里親や児童福祉施設、グループホーム等でケアを受けるようになった後も、彼らがソーシャルワーカーの援助を必要としていることは痛いほどわかっていたし、私たちも本当はもっと面会に行き、もっと丁寧に彼らの声を取り上げ、もっとしっかり援助したいと考えているのである。それゆえカナダの若者たちの問いかけは、あたかも日本の子どもたち自身が発した声であるかに聞こえ、胸にずしんと響いた。遠く離れたカナダの地で突然突きつけられた難題に、私たちは不意を突かれて狼狽《ろうばい》したのである。

この質問を契機に、議論は白熱していった。というよりカナダの若者たちが、たじたじする私たち日本の大人たちを尻目に一生懸命考え、活発に意見を出してくれたというのが真相だ。

「たくさんの人に応援してもらえばいいんじゃないの？」

「そうだ、政府に人手不足を訴えて、改善してもらえばいい！」

私たちは、この日の交流に向けて即席の演し物《だもの》を準備していたのだが、披露することすら忘れて議論に夢中になった。

「皆さん、ありがとう。今日の皆さんの意見をしっかり頭に入れ、帰国する飛行機の中でも考え続けたいと思います」

私は、こう答えるのがやっとだった。

日本の貧しい児童福祉体制

〝桁違い〟という言葉がある。「等級・価値などが他と非常にかけはなれているさま」（『広辞苑』）のことをいい、よく比喩的に使われるが、児童福祉の実施体制について国際的な比較をすると、文字どおり桁違いに貧困な日本の実情が浮かび上がってくる。

カナダ・オンタリオ州のことについては先ほど紹介したが、もう少し他の国の実情も見てみよう。次の発言を見ていただきたい。

西澤参考人（中略）例えば、欧米各国を見ると、これはよく出る数字なんですが、私、アメリカでも一時期仕事をしておりましたけれども、アメリカの場合ですと、ＣＰＳという機関があって、これはチャイルド・プロテクティブ・サービス、訳すと子供保護機関という公的機関です。

ここは、よく日本の児童相談所と比較されるのですが、児童相談所と決定的に違うのは、虐待を専門に扱う機関である。（中略）ここのケースワーカー、ソーシャルワーカーの数というのは、子供の一般人口二千五百人に一人というような配置状況にあります。

ところが、一方で、では日本の場合はどうかというと、厚労省が一生懸命頑張られて、年々その数はふえていますけれども、現在の状況でも、子供の一般人口一万数千人に一人というのが児童相談所のワーカーの配置数です。一万数千人に一人と、アメリカの場合では二千数百人に一人という、けた違いの配置状況にある。

もちろん、アメリカは非常に虐待の通報数が突出していますから、そういった状況だということでよく言われるんですけれども、では、日本と比較的似た通報数を持っている、例えばイギリスというところを見ると、イギリスの場合は、大体五千人に一人のソーシャルワーカーの配置がなされております。日本の大体三倍というところでしょうか。

あるいは、最近伝わってきたデータなんですけれども、びっくりしたのはドイツでございますが、ドイツの場合には、虐待専門のソーシャルワーカーではなくて、日本の児童相談所のワーカーと同じような、いろいろな要保護児童の相談に乗っている、そういうソーシャルワーカーの数というのは、子供人口九百人に一人の配置という非常に突出した数字を示している。というか、日本が突出して少ないと言った方が、こういった諸外国の状況を見たらわかるのではないかなと思います。

（衆議院青少年問題に関する特別委員会、二〇〇四年二月二七日）

すでに国会という場で、わが国の「突出して」お粗末な児童福祉実施体制が語られているのである。

あるいは松井一郎、才村純の両氏は、二〇〇三年の視察をふまえ、「ドイツ・フランスの児童虐待防止制度の視察報告書」を著しているが、その中で、フランスにおけるソーシャルワーカーの配置について、次のように述べている。

〈配置基準はないが、我が国の一三倍以上（オルネー市）のソーシャルワーカーが従事している。ASE（引用者注＝県が提供する「児童社会福祉扶助（援助）」（機関））のソーシャルワーカーは虐待問題のみに専従、業務はアセスメントとケースマネージメントが主で、「何でも屋」の我が国のソーシャルワーカーの負担は格段に重い。
フランスでは「燃え尽き症候群」は話題ともならない様である。〉

これ以上、何を付け加えればいいだろうか。

岸和田事件の教訓

ところで大阪府は、第三章で紹介した「岸和田事件」に対する社会的な反響の大きさもふまえ、以後の虐待防止対策のあり方や具体的方策について検討を行うため、外部有識者による児童虐待問題緊急対策検討チーム（座長＝山縣文治大阪市立大学大学院教授）を設置した。二〇〇四年三月、このチームが「子どもの明日を守るために」という緊急提言を行っている。

そこでは、「大阪府に対して行ったこの「緊急提言」が、大阪府だけでなく、こうした全国の児童相談所等における取り組みの指針として活用され、すべての地域においてこのような事件が再び起こることがないよう強く望むものである」と述べられ、次の五項目にわたって提言したのであった。すなわち、①複雑多様化する子ども家庭相談への対応の基本の徹底、②子ども家庭センター（児童相談所）の組織体制の強化、③職員の資質向上のための取り組み、④虐待対応の総括的組織の必要性と第三者的視点の導入、⑤地域における関係機関との連携、である。

そして最後のまとめとして、「本検討チームは、（中略）虐待対応のための具体的方策として五項目を提言した。いずれもが、虐待対応にあたっては欠かせない重要な事項であるが、この事件を機に、児童虐待の通告が増え、相談件数が伸びていることを踏まえると、児童虐待対応の専門機関である子ども家庭センター（児童相談所）の職員を増員して、組織体制を強化することが最も重要であるという結論に至った」と述べている。

事例を具体的に検証していけば、児童相談所の抜本的な強化が緊急かつ最重要の課題であることは、誰の目にも明らかとなるのである。

遅れる専門性の確保

さらにいえば、職員の専門性の確保や研修システムにおいても日本の現状は立ち遅れているといわざるを得ない。以下に、二〇〇三年度の厚生労働科学研究として取り組まれた「児童相談所の海外の動向も含めた実施体制のあり方の検討」（主任研究者＝高橋重宏、分担研究者＝才村純）報告書から抜粋してみよう。

〈今回の比較対照とした国々においては、いずれも虐待対応に従事する職員はソーシャルワーカーの資格を備えた専門職を充てていた。しかも、求められる資格要件は厳格である。例えばカナダ・ブリティッシュ・コロンビア州では、ソーシャルワーク修士以上でないとソーシャルワーカーを名乗れなかったが、人材の確保難を理由に最近、ソーシャルワーカーの資格要件が学士まで引き下げられたものの、この場合は特別の訓練プログラムの受講が義務付けられている。アメリカのニューヨーク市においても、ソーシャルワーカーはソーシャルワーク修士号取得者を雇用することが望ましいとされながらも、やはり人材確保難を理由に学士の入職試験の受験を認めているが、任用後のトレーニングには力を入れており、新任の子ども保護ワーカーは、最低でも一六週間のトレーニング受講が義務づけられている。韓国においても、社会福祉士一級所持者が基本資格となっており、就職後は国立保健院での一〇〇時間を超える特別課程の研修が義務づけられている。このように、いずれの国においても、ソーシャルワーカーの資格および着任後のトレーニングが重視されている。〉

〈わが国では、(中略)他の諸国に比べてソーシャルワーカー一人当りの担当ケース数が多くなっており、業務が多忙であることに加え、(中略)権限が児童相談所に一極集中している中で、ソーシャルワーカーの責任と負担は過大なものとなっている。例えば、立入調査や職権による一時保護などは時に保護者との熾烈な対立関係を生じさせることになり、保護者による職員への加害・妨害事件も激増しつつある。このような状況の中で児童相談所職員のストレスやバーンアウトも深刻化している。また、(中略)保護者による加害・妨害によって多くの職員が精神的被害を受けていることが明らかになっている。〉〈いずれにしろ、児童相談所ソーシャルワーカーは、ストレスの多い環境に置かれているといえるだろう。職員が過大なストレスを抱え、精神的健康を損なっている状況では、適切な援助は期待できないし、人材確保すら困難になるであろう。〉

こうした実情も鑑みてのことであろう、改正児童福祉法(二〇〇四年改正、二〇〇五年四月一日施行)には「(児童相談所の)所長は、厚生労働大臣が定める基準に適合する研修を受けなければならない」との項目が加えられたりもしたのだが、その程度ではあまりにも不十分といわざるを得まい。

新人児童福祉司の研修

ではこうしたなかで、実際に業務に従事する職員はどのように専門性を高めようとしているのだろうか。確かに厚生労働省の委託も受けて、子どもの虹情報研修センターなどがさまざまな種類の研修を実施してはいるのだが、それとて限られたものでしかなく、現状では、多くを個々人の自助努力に頼るしかないというのが偽らざる実態だ。ここでは、自主的な研究団体である児相研が、新人児童福祉司を対象にした研修ワークショップを実施しているので、少し紹介してみよう。

第六回の新人児童福祉司ワークショップは、一九九八年三月、土日一泊二日で行われた。実はこの時の研修会を中心になって企画したのは筆者である。しかし、決して平坦な道ではなかった。確かに研修ワークショップのアイデアを思いついたときは心が躍ったものだ。これこそ全国の経験浅い児童福祉司が求めているものに違いないという確信があったからだ。ところが実際に案内を発送してからというもの、気持ちはすっかり沈んでしまう。なぜか、と考えて気がついた。

「そうだ、忘れていた！　児童福祉司ってのは悲しい人種なんだ。日々苦労していて、何とか少しでも力量を高めたいと思っていても、いざ休みの日が来ると、もうそんなことはどうだっていい、家に帰って寝てるのが一番ってわけだ。彼らは疲れすぎている！」

研修企画といっても、誰に頼まれたというわけでもない。小さな自主的研究会が休日を利用して勝手に計画しただけのことだ。しかも企画担当した私自身はといえば、業務の合間に準備するとはいえ、何より最も肝心な担当地域の相談活動に集中できず、いわば自分が預かっている児童福祉のフィールドを、幾分なりとも傷つけるはめに陥ったのである。

だが、

「笑えた。泣けた」

「他の府県の状況がわかり、驚きと感心と……。自分の仕事をふりかえることができた」

「文句一つありません。これであと一〇年は持ちます」

「人の考えはいろいろあり、当たり前なのにすごく不思議に思った」

「もうじき児相に来て一年になります。こんなふうでいいのか、他に方法はないのか、今後の見立てをどうするのか、悩みは尽きません。ときに〝早く楽になりたい〟〝もうやめたい〟と思いつつ研修に来て、全国に同じように若くて経験なくて、迷いながらも懸命に働いている人が多くいることを知り、少し気持ちが楽になりました」

「面白かった。わくわくしました」

感動を伝えるこんな声がこもごも寄せられ、私たちスタッフもこの企画を通じて逆に多大なエネルギーを得、その後の業務に生かすことができたのであった。ワークショップはそれ以後も、スタッフが参加者と同じ目線に立って共に学び合う児相研ならではの研修会として、時と場所を変えながら毎年企画されることになった。自費を使って参加する人もいるというのに、今では案内を発送するとすぐに定員をオーバーする申込みが届くような盛況となっている。

もちろんその他にもすぐれた研修会は多々あるのだが、その中で、このようなささやかなワークショップを取り上げたのは、困難な業務に追われながらもよりよい援助ができるようにと願い、そのための機会を探し、必死になって努力している職員がいることを知ってほしかったからである。

職員の過大なストレス

とはいえ、児童虐待の対応に従事する職員のストレスは並大抵のものではない。実はそのことも、すでに国会で取り上げられているのである。二〇〇二年一一月二一日の衆議院青少年問題に関する特別委員会でのことだ。簡単に紹介しよう。

原委員　児童虐待防止法が施行されてから現場が非常に逼迫《ひっぱく》しているという、現場の厳しい状況というものが指摘されております。いろいろプライバシーにかかわる情報なので詳しくは聞いていないのですが、三点、ここでケースを紹介させていただきたいんです。

一点目は、児童相談所がかかわりながら虐待死させてしまった場合、さまざまなマスコミとかからの攻撃で家から出られなくなってしまったような引きこもりのケース。

あと、担当する親が必要以上に担当者をつけ回して、おどしといいましょうか、暴力とか脅迫を振るわせて、その担当する児童相談所にかかわっている職員の方が恐怖感を覚えたりとか。

三番目のケースでは、本当に自殺されてしまった職員の方もいらっしゃる。虐待の通告の件数がふえて過労状態になった相談員の方が自殺してしまったケースや、そうした自殺をなさってしまった職員の上司の方もまた、その自殺というものを非常に重く受けとめて精神的ダメージを受けている。

こうした現場の厳しい状態というものを、私はぜひ皆さんにも知っていただきたいと思っております。

ここで取り上げられたものが、どのような調査結果に基づいているのかはわからないが、児童相談所の職員が自殺したとか、抑うつ状態になった、あるいは自らカウンセリングを受けたといった話は、私自身も耳にしたことがあり、決して例外的な出来事ではない。

さて、こうした状況をふまえ、原委員は次のように質問した。

原委員　（中略）こうした実態を知っていますかと、まずは担当である厚生労働省に事前のレクのときに聞きましたら、こうした厳しい実態というものの把握を完全になさっていないという答弁を厚生労働省の方からいただきました。

そこで、まず冒頭、福田官房長官に、こうした現場の厳しさの実態というものを厚生労働省に早急に調査させるべきだと思うのですが、その点のお考えをお伺いしたいと思います。

長官が答弁席に立った。

福田国務大臣　今、委員が御指摘になった実態把握につきましては、これは児童相談所が窓口になっています。児童相談所というのは、職員が地方公務員なんですね。ですから、まずは地方自治体がどういうように対応していくべきか、こういうような観点から検討したいと考えております。

いずれにしても、児童虐待がふえている、これはもう親の問題であり、社会の問題であると考えておりますので、国としても無関心ではおりません。

児童虐待の問題や児童相談所のことについて、官房長官自らが答弁するというまたとない機会だったが、率直にいえばいささか期待はずれ、もう少し積極的な回答がほしかった、というのが偽らざる感想だ。それはともかく、自殺にまで追い込まれる職員が現にいるというのが、児童相談所の生々しい実態なのである。

それでもなお、児童相談所が通告を受けておきながら虐待死事件が起こったりすれば、所長は記者会見を開いて謝罪し、マスコミだけでなく一般市民からも厳しい批判が巻き起こる。たとえば岸和田事件の際には、当該の児童相談所に約一千件にも及ぶ抗議電話が殺到し、本来業務もさることながら、その対応に忙殺されたともいわれているのである。

むろん幼い命が失われたり、子どもが意識不明の重体にまで陥ってしまうような事実を前にすれば、なぜそのような事件を防ぐことができなかったのか、児童相談所の取り組みに不備はなかったのか、ということを私たちは真っ先に考える。言い訳などしたくないし、またそんなことを口にする気持ちにはとてもなれないのである。しかし、児童相談所がすべての批判を甘んじて受ければ、それで児童虐待による不幸な事件は本当になくなるのであろうか。

思うに、現在の児童相談所は、児童虐待に適切に対応するのに見合った組織体制、十分な人員配置、ふさわしい専門資格、不可欠な研修システム、信頼できるサポート体制、根本的な法律上の枠組み、等々の何もかもが整備されないまま、最も困難な業務を担わされつづけているのである。私自身にしても、できる限りの努力、最大限の注意深さをもって取り組んでいるつもりではあるが、正直なところ、「不幸な事件は決して起こさない」と断言するほどの自信はない。ないがゆえに日々の緊張感もいや増すのだが、それでもなお密室の中で起こる虐待に判断ミスでもあろうものなら、たちどころに非難の嵐に見舞われる。自らが果たすべき責務を棚上げするつもりは毛頭ないが、悲しい事件が後を絶たないからといって、児童相談所をバッシングするだけで本当に十全といえるのか、そこからもっと深く学び、より的を射た教訓を引き出すべきではないのか。私は敢えてそういいたい。

ところで、〝児童相談所のいま〟を考えるならば、まだ重要な点が残されている。一時保護所のことだ。

一時保護所の実情

すでに第三章において、「緊急に子どもの安全を確保しなければならないとき、現在のわが国の法制度の中で唯一対応できるのは、児童相談所長が行う一時保護のみであり、それ以外に保護者の意に反して子どもを保護することは不可能」であると述べた。一時保護に関しては、児童福祉法が、「児童相談所長は、必要があると認めるときは、(中略)児童に一時保護を加え、又は適当な者に委託して、一時保護を加えさせることができる」(第三三条第一項)と規定しているように、必ずしも児童相談所内においてのみ行う必要はなく、適当な者、すなわち児童福祉施設であるとか里親、あるいは病院、警察、場合によっては民生児童委員などにも委託できるのだが、ここでは児童相談所で行う一時保護、すなわち一時保護所の現状について考えてみたい。

まず基本的なこととして、どのような子どもが保護されるのか、「児童相談所運営指針」を見ておこう。「一時保護を行う必要がある場合はおおむね次のとおりである」として列挙されているのは、次の場合である。

〈(1)緊急保護
ア棄児、迷子、家出した子ども等現に適当な保護者又は宿所がないために緊急にその子どもを保護する必要がある場合(以下略)
イ虐待、放任等の理由によりその子どもを家庭から一時引き離す必要がある場合
ウ子どもの行動が自己又は他人の生命、身体、財産に危害を及ぼし若しくはそのおそれがある場合
(2)行動観察
適切かつ具体的な援助指針を定めるために、一時保護による十分な行動観察、生活指導等を行う必要がある場合
(3)短期入所指導
短期間の心理療法、カウンセリング、生活指導等が有効であると判断される場合であって、地理的に遠隔又は子どもの性格、環境等の条件により、他の方法による援助が困難又は不適当であると判断される場合〉

これらを見ればわかるように、一時保護所は、児童虐待に限らず、援助を要するさまざまな

表 5-1 児童相談所における所内一時保護児童の処理件数及び延べ日数

年　度	1999	2000	2001	2002	2003	2004
所内一時保護件数	16,798	17,378	17,695	16,838	18,111	18,885
延べ日数	266,845	301,163	327,512	348,925	368,842	422,680

表 5-2 児童相談所における所内一時保護児童の相談種類別件数(2004 年度)

総　数	養護相談		障害相談	非行相談	育成相談	保健・その他
	児童虐待	その他				
18,885	6,214	7,703	658	2,613	1,540	157

子どもたちのために用意されていると考えていい。こうした一時保護が年々増加の一途を辿っていることは、表5-1のとおりである。また一時保護の相談内容の内訳は表5-2のようになっている。

ではその一時保護の実情はどうか。二〇〇五年八月に全国児童相談研究会が行った会員アンケートから、今度は一時保護に関する部分を抜粋、要約して紹介しよう。

○児童相談所の一番の利点は一時保護できること。しかしその保護も、人数が限られており困難な場合もある。

○この夏(二〇〇五年)は定員を一〇名も上回る子どもを一時保護する事態となり、一時保護所の職員は激務に追われる連続だった。非行児童の保護の必要性などから居室の個室化等が言われるが、現実問題として予算がない。

○一時保護所が常時満杯のため非行に手がつかない。入れられない。保護所内のストレスが高まり、職員の目が届かず、幼児・小学生が無断外出することもある。かといって一時保護を委託するとなかなか子どもに会えず、心理診断などの機能がひどく落ちてしまう。
○施設が狭小。職員が不足(週休二日体制に見合ってさえいない)。小一～高三までが一緒の日課で過ごさざるを得ない状況にある。児童福祉施設への入所が困難なこともあり、一時保護の長期化が改善されない。教育が全く保障されていない。いじめ、暴力が絶えず、職員への反抗も多い。
○保護者が非常口から一時保護所へ乱入し、児童を連れ帰ろうとして職員と激しくもみ合うという事態があった。非行児童などの無断外出も結構あり、安全への配慮や児童の情緒的安定のために努力してはいるが、たいへん脆弱《ぜいじゃく》な体制であると言わざるを得ない。
○県内に一時保護所は一カ所だけ。そこで働く職員は、複雑なローテーションのもとに過酷な労働です。被虐待児の問題行動への対応や、非行児童へのアプローチはもう限界。一時保護所は児童養護施設に準ずるというだけで、児童養護施設よりも劣悪な現状です。そんな中で子どもたちが落ち着けるわけはなく、問題が起こる。その問題を解決できず、子どもが無断外出を繰り返し、その先で犯罪を呼んでしまうこともあります。ぜひ、保護所の体制強化の働きかけをお願いいたします。虐待を受けた子がさらに劣悪な環境で、飛び出したくなってしまうような職員体制ではいけないと思います。
○個別的援助が必要でも、ハード面で応じられず、子どもに安心できる空間を提供できていない。

「児童相談所運営指針」は、「一時保護所に虐待を受けた子どもと非行児童を共同で生活させないことを理由に、非行児童の身柄の引継ぎを拒否することはできない」として、保護を必要としている児童に等しくその機会を保障するよう求め、かつ「子どもは危機的状況の中で一時保護されるので、その目的にかかわらず子どもの精神状態を十分に把握し、子どもの心身の安定化を図るよう留意する」「一時保護が必要な子どもについては、その年齢も乳幼児から思春期まで、また一時保護を要する背景も非行、虐待あるいは発達障害など様々であり、一時保護に際しては、こうした一人ひとりの子どもの状況に応じた適切な援助を確保することが必要である」と述べている。まことに至極当然の指摘であろう。

しかしながら、これだけの多種多様な子どもを迎え入れる一時保護所の運営基準は、児童養護施設に準ずる扱いとなっており、現場の児童相談所では、一時保護委託を含むさまざまなやりくり、工夫をしているとはいえ、多くの困難があるといわざるを得ないのである。

全国児童相談所長会の要請

そこで、全国児童相談所長会は、二〇〇五年八月三一日、厚生労働省に対して行った要請の中で、こうした一時保護所の実情をふまえ、以下のように求めたのであった。

〈要保護児童に対する適切な一時保護の実施は、ケースワークを実施する上で大きな役割を担っています。現状の一時保護所では、被虐待児、非行児、家庭内暴力児、保護者の傷病・逮捕等による養育困難児など様々な主訴の児童が混在し、起居を共にしています。また、押しなべて学力の低さが目立つとともに、粗暴、衝動性、孤立などの行動上問題のあるケースが多く見られます。さらに、昨年(二〇〇四年)実施した「平成一六年度一時保護所実態調査」からは、居住空間では、男女を区別していないものが六三・九%あることや、学習指導について七四%は直接処遇職員が担当していること、四〇%前後の一時保護所で夜間の警備員や警備機器が設置されていない中で、職員の身に危険を感じながら保護者等に対応している実態などが明らかになりました。

こうした状況を改善し、一時保護所における適切な行動診断、処遇が行えるよう、一時保護所における職員配置について、現行の児童養護施設の準拠を改めて、小集団生活と学習面及び精神・心理面のケアが出来る、一時保護所独自の最低基準を制定していただきたい。

また、一時保護所の充実を図るために、施設整備についても特段の配慮をお願いしたい。
(1)生活指導に当たる職員については、幼児は児童三人につき一名、小学生以上は児童五人につき一名を最低限の配置人員とし、これに夜間の緊急事態に対応するため二名以上の夜勤者を確保できるよう加算すること。
(2)保健師又は看護師を三名以上配置すること。
(3)常勤の心理職員を、一時保護所に最低一名、児童数が二〇人を超える規模の場合はさらに一名の増配置をすること。
(4)教育に当たる職員を、都道府県教育委員会から小学生、中学生、高校生に対応し、複数派遣を受けられるようにすること。
(5)居室環境の改善や生活場面での分離対応など個別的ケアが必要な子どもに適切に対応するための個室化などの計画的な増改築や警備設備などの改善等に必要な助成を行うこと。〉

以上だが、虐待されて保護され、見知らぬ空間で過ごす子どもたちのことを考えると、まさに緊急かつ最低限の要望といえよう。

児童心理司の配置も不十分

なお、児童相談所におけるもう一つの重要な職種である児童心理司についても、全国所長会は、次のように要請していることを付け加えておきたい。

〈児童心理司を、児童福祉司三名に二名の割合で配置すること。なお、中央児童相談所には、家族再統合の推進や他の児童相談所への技術援助等を積極的に行うため規模に応じ、別枠で五名から一〇名の児童心理司を配置すること。〉

さらに付け加えるなら、厚生労働省が主宰した「今後の児童改訂相談体制のあり方に関する研究会」(座長＝山縣文治)は二〇〇六年四月に報告書をまとめ、児童心理司について次のように述べている。

○児童心理司には、従来の判定業務に加え、一時保護中の子どもの心理療法、心理面からの援助方針の策定、施設入所後のケアの評価などにも積極的に関わることが求められていることから、配置の充実が必要である。

○児童相談所が介入と支援の両方の役割を担わなければならない中で、虐待を受けた子どもの支援をする際に子どもの発達や子どもの心理状況を丁寧に把握する上での心理職の重要性とともに、特に子どもを分離保護した後の親指導・支援には、心理職の関わりが重要である。

○児童心理司については、児童福祉司と異なり、配置基準が明確になっていないが、国による配置基準の明確化は多くの自治体からも要望されている。基本的に、正規職員の児童心理司と児童福祉司がチームで対応できる体制であることが望ましいことから、少なくとも「児童心理司」対「児童福祉司」＝二対三以上を目安に、さらには「児童心理司」対「児童福祉司」＝一対一を目指して配置すべきである。

しかしながら、二〇〇六年四月の時点で全国の児童相談所における児童心理司の配置数は一〇〇〇人にも満たず、現状はまだまだ不十分であるといえよう。

虐待相談対応を市町村にも拡大

さて、このような現実を前にしては、厚生労働省としても手をこまぬいてばかりはおられない。虐待防止対策室を中心に、児童虐待に関わる予算の獲得や、制度の改善に苦心を続けていることは、私も認めるところである。

たとえば児童福祉司の配置に関しても、地方交付税の基準を改善することで毎年の増員を果

表5-3　児童福祉司数の推移

年　度	1998	1999	2000	2001	2002	2003	2004	2005	2006
福祉司数	1,141	1,230	1,313	1,480	1,627	1,740	1,813	2,003	2,146

出典：2000年までは，「児童相談所における児童虐待相談等の状況報告」(2001年6月21日，雇用均等・児童家庭局総務課)による．以後は，全国児童相談所長会配付資料による．

たしてきたのであり(表5－3)、「児童福祉司の担当区域は、法による保護を要する児童の数、交通事情等を考慮し、人口おおむね十万から十三万までを標準として定めるものとする」とされていた児童福祉法施行令も、二〇〇五年四月一日からは「人口おおむね五万から八万までを標準として定める」よう改めたのであった。もちろん、これとて児童相談所の担う役割からすれば、とても十分な体制とはいえないし、この基準すら満たしていない自治体も残されているとはいえ、ささやかながら一つの前進と評価できるであろう。

ただし二〇〇五年一一月には、経済財政諮問会議(議長＝小泉純一郎首相)が、公務員の「総人件費改革基本指針」を策定し、地方公務員のうち国が基準を定めている分野について、基準を低めて強引に削減する方針を打ち出したという報道があった。福祉関係も例外ではなく、保育所や児童相談所、保健所、福祉事務所など、生活に密着する分野の公務員削減が狙われているというのである。これだけの苦労をし、命を削り、あるいは命を落とすような犠牲を払って、やっとのことでわずかに改善された基準が、かりそめにも反故にされるようなことがあるならば、国会で国の責任を厳しく追及した故祖父江氏の発言を待つまでもなく、政治の貧困は極まれりというほかあるまい。

それはさておき、二〇〇四年に制度面ではもっと大きな改正が行われた。児童相談の実施体制に関して、これまで児童相談所が担っていた家庭からの相談の軸足を大きく移し、市町村に第一義的な役割を負わせたのである。具体的には、児童福祉法第一〇条において「児童及び妊産婦の福祉に関し、家庭その他からの相談に応じ、必要な調査及び指導を行うこと並びにこれらに付随する業務を行うこと」を市町村の業務として明確化、児童相談所は、それらの相談のうち専門的な知識および技術を必要とするものに応ずることとしたのであった。

さらに第二五条も改正し、要保護児童の通告先に市町村等も加えたのだが、これは児童虐待防止法の改正とも連動している。すなわち児童虐待防止法第六条は「児童虐待を受けたと思われる児童を発見した者は、速やかに、これを市町村、都道府県の設置する福祉事務所若しくは児童相談所又は児童委員を介して市町村、都道府県の設置する福祉事務所若しくは児童相談所に通告しなければならない」と定め、続く第八条では、「必要に応じ近隣住民、学校の教職員、児童福祉施設の職員その他の者の協力を得つつ、当該児童との面会その他の手段により当該児童の安全の確認を行うよう努める」ことを市町村にも求めたのである。

これらは、相談や通告が児童相談所に一極集中し、矛盾が激化していたことを改善するとともに、虐待通告についてもより幅広く受けとめ、対応しようとするものであろう。住民にとっても相談できる機関が身近にあることの利点はいうまでもないのだから、市町村が相談や通告に対応することとした二〇〇四年の改正は理解できなくもない。

だが、この改正が施行された二〇〇五年四月以降の市町村の実情はどうだろうか。

二〇〇五年一二月二日付『朝日新聞』には、「虐待相談担当者、三割以上は資格なし　市区町村の窓口」という見出しで概略次のような記事が載った。

〈子どもへの虐待が増えていることを受け、市区町村に相談窓口が設けられたものの、担当者の三割以上が専門資格を持たない一般職員であることが、厚生労働省の調査で分かった。虐待の深刻さなどを判断し、適切な機関につなぐ重要な役割であるため、同省は児童福祉司の配置が望ましいと指導しているが、人材難などで配置が進んでいない。さらに、緊急対応のために夜間や休日にも相談を受け付けるよう求めているが、過半数の自治体が受け付けていない実態も分かった。〉

そもそも児童福祉法改正案が出された時から、次のような声は根強くあった。

「市町村に通告したとしても対応する専門職員が配置されなければ、現実には児童相談所への丸投げとなりかねない」

「虐待に対応できる機関、窓口を増やすことには賛成だが、対応できる人材の確保、それを保証する予算に対して国が責任を持つべきだ」

こうした危惧がそのまま現実となったといっていいだろう。仏造って魂入れず、肝心の予算措置その他の施策が伴わなければ、せっかくの児童福祉法改正もはなはだしく実効性を欠くといわざるを得ないのである。

第六章　児童虐待を防止するために

『三丁目の夕日』の風景

ここからは、児童虐待の発生そのものをなくし、児童虐待を防止するためにはどうすればいいのかについて考えてみたい。ただし直截《ちょくせつ》に述べるのでなく、少し遠回りになるが、まずは児童虐待が起こる私たちの社会を俯瞰《ふかん》するところから話を始めることにする。

二〇〇五年に封切られて話題になった映画『ALWAYS 三丁目の夕日』をご存じの方は多いだろう。舞台は、東京タワーが完成した昭和三三年の東京下町。ラジオしかなかった時代が長かったから、主人公一家が奮発してテレビを買うと、近所中の人たちがやって来てたちまち黒山の人だかり。活力あふれる時代だった。映画は、そんな三丁目の風景をみごとに映し出していく。この映画に登場する子どもたちと私は、実はほぼ同年代。テレビを買ったという家に押しかけて食い入るように大相撲を見た経験は、私にだってある。そしてこの頃の日常生活はといえば、ぼた餅を作ったからと近所におすそわけし、風呂釜の修理をしている間は隣家で湯をもらい、お年寄り相手に覚え立ての将棋の腕だめし、嫁いできた女性は花嫁姿で近所に挨拶回りをする、そんな時代であった。

「川崎さんのところの坊ちゃんかい。ずいぶん大きくなったねえ」

「あんたは、うちの遠い親戚筋だよ」

その頃、子どもたちは誰でも、大人社会の密なつながりのなかで生きていた。見知らぬ大人とみえても、相手はこちらのことを隅から隅まで知っており、玄関先に珍しくタクシーが横付けされれば、翌日には誰が来たのか近所中に知れ渡っている。子どもだけでなく家族のあらゆることがすべて筒抜けなのであった。それは次第に、高度成長を遂げようとする時代の桎梏《しっこく》にもなっていくのだが、一面では地域のセーフティネットが強固な社会であったともいえよう。

さて、時は移りゆく。

「今度の町内会長はNさんに決まったんだ」

一緒に会計に選ばれた私が、妻に話しかける。

「あら、その人だったら学校の先生よ」

「なんで知ってるんだ」

「だって、うちの子と同級生のお子さんがいるもの」

夫婦の何気ない会話である。しばらくして、そのNさんが児童相談所に電話してきた。

「うちの学校のPTAで講演をお願いしたいんですが……」

依頼の相手が同じ町内の会計担当者であることに、Nさんはこの時初めて気づいたらしい。

「なんだ、あなたでしたか」

笑い話に花が咲いたのだけれど、よくよく考えてみると、これが現代社会の一つの典型ではないだろうか。新興住宅地という事情はあるかもしれないが、隣近所の誰がどこに勤めているのか、実はお互いよく知らないし、尋ねるのも何となく憚《はばか》られる。むしろ子ども同士のほうがいち早く友だちになり、子どもを通して大人が近づき、大人社会の接点が広がっていく……。いわば地域的紐帯《ちゅうたい》の出発点が、大人から子どもへと逆転してきているのである。

今は昔の村八分

結婚して核家族となり、何度かの転居も経験した私たち夫婦も、近隣との関係が密とはいえなかった。だからこそ誰はばかることなく自由で思いどおりの、あるいは身勝手な子育てができたともいえるが、他方、かつてのような地域に根を張った生活はない。束縛もないかわりに、決められたレールも敷かれていない白紙でのスタート。しかし、子育てが夫婦だけでできるわけはない。だから同じ産院で偶然隣り合わせた人と出産後も連絡し合ったり、近隣で手助けしてくれる人を探し、保育所の保護者会で情報交換をする。また町内の子ども会行事でお付き合いを始める等々、自ら援助者を求め、少しずつ関係を築いていくしかなかったのである。

繰り返すが、子ども時代の私は強固な地域社会に組み込まれ、組み敷かれ、少し煩わしくとも近所の世話を受け、お節介もされ、意識することもなく地域社会の支えを享受して育っていった。ところが、地域社会の庇護は、大気にオゾンホールが生じるかのごとくいつのまにか失われ、紫外線の直射を受けるがごとく、知らず知らずのうちに家族はむき出しの状態で社会の矛盾に対峙しているのである。

江戸時代から行われてきた制裁の一つに「村八分」がある。村民全部が申し合わせ、葬式と火災の二つを除いて絶交するというもので、大変厳しい制裁であった。ひるがえって現代はどうだろうか。さまざまな便利さに囲まれ、またプライバシー尊重社会でもあり、自ら進んで「村八分」程度のつき合いにとどめる人さえ出現する。まさに一八〇度の転換だ。

こうした社会では、意欲的な人はインターネットなども駆使し、従来では考えられないような豊かなコミュニケーションを培うことができる一方、つながりを拒否すると、あるいは何らかの事情で関係が持てなくなると、いとも簡単に他者と隔絶し、近隣関係の煩わしさから解放され、また孤立する。だが、それでもなお日常生活は、少なくとも表面上は特段の支障もなく営めてしまうのである。

ご近所の底力

ここで改めて「子ども虐待対応の手引き」を見てみよう。私は第二章で、「児童虐待の研究から、虐待では、①多くの親は子ども時代に大人から愛情を受けていなかったこと、②生活にストレスが積み重なって危機的状況にあること、③社会的に孤立し、援助者がいないこと、④親にとって意に添わない子であること、の四つの要素が揃っていることが指摘されている」という部分を紹介した。ところが「手引き」は、「子ども虐待問題を発生予防の観点で捉えることの重要性」という箇所で、次のようにも述べている。

〈特に最近は、少子化や核家族化あるいはコミュニティーの崩壊に経済不況等の世相が加わっての生きづらさの現れとして（引用者注＝児童虐待が）語られており、特別な家族の問題という認識で取り組むのではなく、どの家庭にも起こりうるものとして捉えられるようになっている。保健・医療・福祉等の関係者は、このような認識に立ち、子どもを持つ全ての親を念頭に入れて、子ども虐待防止の取組を進めていく必要がある。〉

児童虐待は「どの家庭にも起こりうる」というのだが、そのようにいわれるこの社会は、ある意味では私たち自身が長い間をかけて選択したものだろう。とするならば、現代に生きる私たちは、それまで無意識のうちに地域社会によって守られ、庇護され、支えられていたものを、これからは意識的、また意志的に実現していかねばならないのかもしれない。

そんなことを考えていてふと思い出したのが、二〇〇三年から始まったＮＨＫのテレビ番組

「難問解決！ご近所の底力」だ。「犯罪から子供を守れ」「ほうっておけない空き家」「住宅地に来襲！スズメバチ」「もう許さない！痴漢撃退」「これでいいのか！子どもの食卓」等々、さまざまな〝難問〟が取り上げられ、眠っていた地域住民のつながり、忘れられていた種々の知恵が、つまり底力が掘り起こされ、示される。番組制作の意図はともかくとして、ここで紹介される「ご近所の底力」は、昔ながらの地域的紐帯にとってかわる新しいコミュニティ形成の現れなのかもしれないし、それを番組として取り上げたこと自体が、今日のわが国社会の一つの象徴であるとも感じられるのである。

もちろんここで、児童虐待が直接扱われているわけではない。だが、私たち社会の今後のあり方を考えるうえでは、虐待防止のヒントも含めて、そこには重要な示唆がある。私にはそんな気がしてならないのである。

虐待防止キャンペーン

ところで、このような社会のなかで児童虐待防止の取り組みを進めるのであれば、さまざまな形での啓発、国民への周知が、とりわけ重要となるだろう。厚生労働省も二〇〇四年から、「急増する児童虐待問題に対する社会的関心の喚起を図るため、その期間中、児童虐待防止のための広報・啓発活動を集中的に実施する」として、一一月を「児童虐待防止推進月間」と定め、「国民一人ひとりが児童虐待問題についての理解をより一層深め、主体的な関わりをもっていただくための意識啓発を図る」こととしたのである。二〇〇五年は、初めて標語を全国公募し、「気づいたら　支えて　知らせて　見守って」を選定、ポスターも作成してキャンペーンに努めた。そのポスターには、標語に加えて「まわりが気づかずに、誰がこの子を虐待から救えるでしょう」という訴えがあり、「子どもを虐待から守るための五か条」が載せられていた。

その1　「おかしい」と感じたら迷わず連絡(通告)を。
その2　「しつけのつもり……」は言い訳
その3　ひとりで考え込まない
その4　親の立場より子どもの立場
その5　虐待はあなたの周りでも起こり得る

よく練られている、と改めて思う。

「児童虐待防止推進月間」をはじめとするこうした取り組みの成果として、児童虐待とは何か、児童虐待はなぜいけないのか、児童虐待を発見したらどうすればいいのかといったことについての国民の理解は広まり、通告も促進され、たくさんの子どもが虐待環境から保護されたといっていい。だから私も、こうしたキャンペーンを行うことには賛成だし、当然必要なことだと思っている。ただし何らの気がかりもないかというと、実はそうとばかりもいえない。いったい何が引っかかるのか。

子育て支援の重要性

すでに見てきたように、わが国の社会で各々の家族が地域から切り離されてしまう状況が進行している。加えて懲戒権が存在し、体罰を容認する風潮も根強く残っているため、しつけと虐待の区別がつきにくい。とすれば、「虐待は禁止されている」「虐待はどこでも起こる」「必ず通報を」などといわれれば、保護者の中には、自分の子育てに自信が持てなくなって悩んだり迷ったりする人も生まれてこよう。特に日頃から気軽に話したり相談できる人がいない場合、通報をおそれて不安を高め、ますます孤立することだって生じ得る。杞憂《きゆう》かもしれないが、下手をすればかえって虐待を誘発しかねない、と一抹《いちまつ》の不安が生じてしまうのだ。

しかし考えてみれば、子どもを産み育てるということは、親にとって本来最も大きな喜びなのであり、子どもを育てることで親も成長し、生きがいを感じ、生活にも張りが出てくるというものであろう。ところが現在の社会では、そんな当たり前のことが忘れられ、子育てはたいへん、子育てはストレス、子育ては負担、子育てに束縛される、といった言説があふれ、現実もまたそれに近い実態があるような気がしてならない。たとえば次のような例。

「虐待してしまうんです」

少し緊張した声で、こんな電話がかかってきた。

「もともと落ち着きがない子なんです。それで、どうしてもつらく当たってしまいます。気がついたら蹴ったり叩いたりして、近所の人も怒鳴り声を聞いてますから、虐待していると思われているはずです」

「お母さん、さぞかしたいへんだと思います。そんな状態の中で、よく電話をしてきてくれましたね。勇気がいったんじゃないですか」

こうした場合、まずは電話してきたことをねぎらい、しっかり耳を傾けるようにしなければならない。すると母は、促されるようにして訴える。

「自分が抑えられないんです。それに、怒っている自分がいやになります」

聞けば父親も単身赴任で、帰宅するのはよくて月に一回程度。何とか親しくなった隣人もつい最近引っ越してしまって孤立感が深まるのだという。

「子どもを叩いているなんて、実家にも話せませんし……」

じっくり話すことができたからなのか、最初は匿名での相談だったものが、最後は児童相談所の援助を受け入れる気持ちになってくれ、直接会っての面接も実現し、援助活動は何とか軌道に乗ったのだが、こうした例は珍しいことではない。

だから、児童虐待の問題がクローズアップされている今こそ、子育ての喜びを語り、「子育てをすることによって、自分の人生も豊かになりますよ」といったメッセージを発信し、子育てをしっかり応援することが、虐待防止のキャンペーンと同様に、あるいはそれ以上に重要ではないかと思うのである。

実際のところ、住民自らが「子育てを楽しむ会」のようなサークルを立ち上げ、同じ子育て真っ最中のメンバーと交流を図っている例は多い。あるいは各市町村等でも、子育て支援の施策として、「ふたご教室」だとか「ティーンズママの会」などのさまざまな企画を立て、また住民のそうした動きをサポートもしているのである。

たとえばティーンズママへの支援。十代で妊娠、出産となれば、高校も退学せざるを得ないだろうし、結婚と出産を巡って家族や周囲からも激しく反対されたりもするだろう。場合によっては受診した産婦人科でも白眼視されるかもしれない。しかも多くは低収入で、養育技術も未熟、社会の冷たい視線を感じて孤立しがち等々、さまざまな面で児童虐待のリスクは高まるといえるのだが、そうした目で見るだけでなく、彼らがたくましく子育てできるよう、まずは援助をしていくことが重要だ。行政も支援してティーンズママを支援する会が立ち上げられ、同じ境遇の者同士が互いに語り合う場ができ、助産師や保健師がアドバイスもできるようになれば、彼女たちの子育てはおおいに勇気づけられる。

子育て支援はティーンズママだけに限らない。現代社会の実情をふまえたさまざまな支援が、結果として児童虐待の防止に寄与するのであり、そうした積極的な施策の展開が求められているといえよう。

体罰を禁止した川崎市の条例

ところで私は第一章の最後で、児童虐待に対して適切に対応していくことは、「社会の中に根強く残っている体罰・暴力に寛容な子育て観、あるいはネグレクトに対する許容的な風土を、その土台から変えていく大きな運動であるかもしれない」と書いた。実は、体罰そのものを否定する先進的な取り組みが、すでに始まっている。

その一つは、川崎市が他に先駆けて二〇〇〇年一二月に制定した「川崎市子どもの権利に関する条例」だ。そこでは、「家庭における子どもの権利の保障」という一節をたて、「親又は親に代わる保護者（以下「親等」という。）は、その養育する子どもの権利の保障に努めるべき第一義的な責任者である」と指摘、そのうえで「親等は、その子どもの養育に当たって市から支援を受けることができる」「市は、親等がその子どもの養育に困難な状況にある場合は、その状況について特に配慮した支援に努めるものとする」「事業者は、雇用される市民が安心してその子どもを養育できるよう配慮しなければならない」として、市や事業者の責務を規定した。そして「親等は、その養育する子どもに対して、虐待及び体罰を行ってはならない」と明記したのである。

第一章で述べたように、しつけと虐待の区別を難しくしているのは体罰だ、と私は考えている。川崎市が定めた条例は、体罰そのものを禁止してそのあいまいさを取り除いたのである。

もちろん、条例ができたからといって、それだけで自動的に体罰がなくなったり、子育ての意識が変わるわけではない。そこで川崎市は、条例の規定により「川崎市子どもの権利に関する実態・意識調査」を実施、「子どもをたたくことがあるか」といった設問も用意して、体罰に関する実態把握を行っている。その結果の一部を示してみよう。図6－1がそれである。

二〇〇二年と二〇〇五年では質問内容が微妙に違っているとはいえ、このグラフを見る限り、二〇〇五年は、二〇〇二年に比べて「こどもをたたかない」という回答が増えている。もちろん、この調査結果だけから、体罰を禁止した条例の存在が功を奏しているとまでは断言できないが、少なくとも条例を制定し、それを市民に知らせる努力をしつつ、このようにして定期的に実態調査を行ってその結果を公表し、啓発していく粘り強い活動は、長い目で見れば市民の意識を変え、虐待を否定し、体罰を必要としない子育てを行うことに寄与するのではないだろ

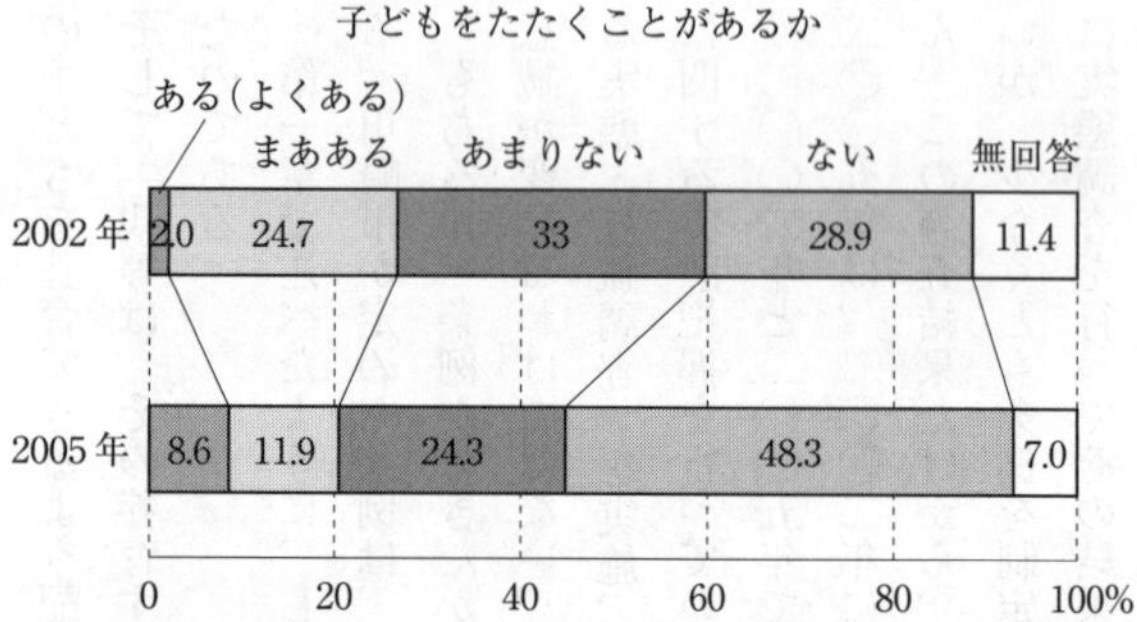

注：2002年調査では「まあある」を「ときどきある」，「あまりない」を「ほとんどない」として実施．2002年調査の回答数は648，2005年は572．

出典：「川崎市子どもの権利に関する実態・意識調査報告書」

図6-1　子どもへの体罰経験の有無

うか。

児童相談の現場にいると、しつけという名の体罰が虐待に転化してしまう例を見聞きすることが、あまりにも多い。だから、児童虐待の一つ一つの例に即して養育態度の改善を求め、家族を援助していくことは、必然的に、従来の体罰・暴力に寛容な子育て観を揺るがさざるを得ない。

とはいえ、こうした文化、風土を変革していくことは、児童相談所やその他の関係機関の取り組みだけでは決して成功しないのであって、私たち国民の一人ひとりが自ら問いかけ、体罰だとか虐待に頼らなくてもよい、新しい子育ての文化を創造していく必要があるといえよう。

児童虐待の解決は、まさに私たち自身に投げかけられた、今日的なテーマなのである。

思い切った社会的コストを

「この頃は、保育園にもあまり来てくれないんで心配しています。休んでしまうと家の中で放ったらかしにされていますし、どうやら夜間も子どもだけで留守番させられているようです。からだに痣《あざ》をつくって登園したこともありますからねえ」

民間の保育園からこんな内容の虐待通告を受け、母と面接したことがあった。顔を少し紅潮させて母が話す。

「じゃあ、どうすればいいんですか。働かないと食べていけないじゃないですか」

「ええ、宅配の仕事をしてるんです。一個配って百円ですよ。夜遅くなることだってあります。おやつを置いとけば、子どもはおとなしくテレビを見てますからね」

「あのう、保育所も休みがちと聞いたんですが……」

「私も疲れてるんです。保育所へ連れて行くだけでもしんどいですから」

母の事情は痛いほどわかるけれど、他方で子どもが劣悪な環境に置かれている。いつも目にする光景だ。この事例では、園長の計らいで、送迎バスの利用にかかる実費負担を免除して母を援助することになった。きちんと登園できれば、それは確かに一歩前進なのだ。もちろん保育園はその分が赤字となるのだが、そこが園長の決心だった。

児童虐待を防止するうえで、また児童虐待へ適切に対応するうえで何が必要かと考えたとき、私はついついこのような事例を思い起こしながら、言葉を失ってしまう。というのも、それが児童相談の枠組みだけにとどまらない、もっと大きな視野に立った施策を必要としており、私の手に余ると思うからである。では、それはいったい何なのか。

折に触れて紹介してきた全国児童相談研究会(児相研)の見解を、もう一度引用してみよう。

〈私たちは、従来から「児童相談所で応じているさまざまな相談の背景には、共通して養護の問題が潜んでいる」と考えてきました。ここで言う養護問題とは、広い意味での貧困問題ととらえることができますが、児童虐待の背景には、しばしば非常に深刻かつ複雑な養護問題が隠されています。〉

(「児童虐待防止法見直しに関する私たちの見解」二〇〇三年一一月)

児相研は、一九七五年に発足して三〇年以上の歴史を持っているのだが、寄せられた相談に誠実かつ適切に対応するにはどうすればいいのかを深めると同時に、早くから、相談の背後に隠されているもの、言い換えれば問題の本質を見据え、根本的な解決の道を探る努力を続けてきた。すると、非行の子どもたちが過酷な人生を歩まされており、不登校の子どもたちが社会の能力主義に脅かされ、障害を持った子どもたちが貧しい施策のはざまで苦労させられている、そんな姿が浮き彫りにされてくるのであった。それらの相談内容を深めれば深めるほど、児童相談所が関与するあらゆる相談の背景には、広い意味での貧困問題が影を落としているといわざるを得ないのである。そう思って改めて児童虐待の問題を見ていくと、それらの相談にも増して深刻な状況が、つまり非常に厳しい貧困問題が奥深く存在していることに気づかされる。

しかも、格差社会という言葉に象徴されるように、事態はますます悪化しているのではないだろうか。生活保護世帯が急増していることは第二章で見たとおりだが、そのほかにも、経済的理由により就学が困難な小中学生のいる家庭に学用品や教育費を支給する就学援助制度の利用者が急増し、二〇〇四年度時点では一三三万七〇〇〇人、八人に一人の児童生徒が就学援助を受けているという。貧困化が進んでいることは、児童虐待を防止するうえでも、たいへん気がかりな問題だ。

また労働面でも、二〇〇二年には完全失業率が五・四％を記録、その後の二〇〇四年は四・七％へと下がったものの、依然として高水準にあることに変わりはない。しかも正規雇用の労働者は、二〇〇二年の三六三〇万人から二〇〇四年の三四一〇万人へと二二〇万人も減少し、逆にパート、アルバイト、派遣社員などの非正規雇用は同時期で二九一万人も増加している。

自己破産の件数も、二〇〇四年度は金融業者への規制強化などが影響したのか、ようやく九年ぶりに減少したとはいえ、一〇年前の約五倍、二一万件を上回っているし、自殺件数も一九九八年以降、すでに八年連続して三万件を超えるという高い数字が続いている。

このような指標に示されている国民生活の苦しみが続く限り、生活上のストレスが減少するとは到底考えられず、児童虐待のリスクも減じることはない、と私は思う。

だから児相研の見解も、強く次のように求めたのであった。

〈それゆえ私たちの社会が児童虐待防止、児童虐待への適切な対応を本当に実現するつもりなら、通告を受ける児童相談所や子どもを保護する児童福祉施設、里親、及び医療、司法など関係諸機関の抜本的な充実・強化はもちろんのこと、貧困対策や雇用対策をはじめとした国民生活支援に、思い切って「社会的なコスト」をかけねばなりません。でなければどのような立派な「虐待防止法の見直し」も決して実を結ぶことはなく、「虐待防止の呼びかけ」は単なるかけ声倒れになってしまう、私たちは、そう強く表明するものです。〉

児童虐待の問題を、ひとり児童福祉に携わる者だけに任せているようでは、およそその解決はおぼつかない。真の意味での児童虐待防止策とは、その背景にある社会の貧困や矛盾の解決を目指して積極的な取り組みをすることであり、まずもって、そこに思い切った「社会的なコスト」をかけることなのである。

最後にこの点を強く訴え、本書の結びとしたい。

あとがき

児童虐待について日頃考え続けてきたことを、私は今、ようやく一冊の書物にまとめる作業を終えたのだが、正直に告白すれば、本書を出版することが本当にできるのか、執筆中も確証はなかった。なぜといって現今の児童相談所は、生起した児童虐待に対応するだけでなく、明日の危険をも素早く察知し、過不足なく事前に子どもを保護することが期待されているからだ。しかるに私はといえば、たとえ最大限の力を尽くしても重大な事態を完璧に防止する自信などないのである。万が一そのような事態に直面でもすれば、著作を上梓する暇はない。

ただし、だからこそ世の人に、そんな不安や困難を抱えながら日々真剣に業務を続けている児童相談所のありのままの姿、ありのままの児童虐待対応の実情を知ってほしい、という思いも抑えがたく、必死に執筆を続けたというのが紛れもない事実であった。

さて児童相談所は、いまや二四時間三六五日、いつでも相談に応じ、通告に対応しなければならない。振り返ると私自身も、休日深夜を問わず、いったい何度呼び出されたか数知れない。

たとえば午前三時頃、女子高校生が父の暴力から逃れて児童相談所の玄関に現れたため、眠い目をこすって自宅から駆けつけ保護したことがあった。またある時は、「ガスで無理心中しようとした母子が運ばれてきた。幸い大事には至ってないが、母が子どもを連れ帰ろうとする。このまま帰していいだろうか」という電話が病院から入る。やはり深夜一時頃のことだ。すぐさま現地に出向き、子どもの安全を確保するため職権での一時保護に踏み切った。あるいは午後九時頃、何とかその日の業務を終えて帰宅しようとした矢先、「生まれたばかりの赤ちゃんが捨てられている。児童相談所で保護してほしい」との通告を受け、遅くまで対応に追われたこともあった。もちろん、急を要する事態は虐待通告だけではない。「家出を続けていた中二の娘が警察で補導された。万策尽きたので今すぐ児童相談所に連れて行きたい」「母が覚醒剤を所持して逮捕されたが、家には幼児だけが残されている、そちらで預かってもらえないか」等々のせっぱ詰まった要請も稀ではないし、家庭内暴力のため家族での対応は限界だという連絡を受け、即日保護した小学生や中学生の例もあった。また、時としてせっかく保護した児童が一時保護所から無断外出してしまったため、深夜の町なかを自転車で探し回り、苦労して連れ帰ったということもある。

本書は、こんな業務の合間を縫って、休日や夜間、早朝、疲れ気味の身体にむち打ちながら書き綴ったものだ。

とはいえ本書の完成に至るまでには、多くの人たちからのさまざまな示唆、援助、協力、激励が必要であった。何といってもまず最初に挙げるべきは、数々の困難にもくじけず、日々相談業務に当たっている同僚、先輩後輩たちの存在だろう。言葉では言い尽くせぬ彼らのストレスや苦心惨憺《さんたん》、あるいは最前線の現場にいればこその知恵や工夫は、いつも私を鼓舞し、支え続けてくれた。加えて全国児童相談研究会(児相研)の諸活動がある。私は、巡り合わせもあってすでに一〇年以上、会の事務局長を引き受けているのだが、全国各地で実際に児童虐待に対応している多くの会員から寄せられる生々しい実態や真剣な問題提起は、本書を執筆するうえで力強い後押しとなった。また研究会の中での議論、その時々に公表された見解や意見表明は、本書の論調に多大な影響を与えているといっていい。さらに、カナダ・トロントで実際に児童福祉のケアを受けている若者たちの声が、現地在住の菊池《きくち》幸工《こうこう》氏から届けられ、本書の内容を豊かにするうえで一役買うことになった。また、岩波新書編集部の田中宏幸氏は、児童虐待という地味な問題について世に問うことの意義を認め、ともすれば多忙の海に溺れかける私を叱咤激励し、本書の完成まで粘り強く導いてくれた。こうしたすべての方々に対して、あらためて謝意を表したい。

ところで、最近手にした『岩波新書の歴史』(鹿野政直、岩波新書、二〇〇六年)を繙《ひもと》くと、創業者の岩波茂雄氏は、一九三八年に自ら企画立案して岩波新書を刊行し、盛んに次のような発言を繰り返したという。

「今度のやつは今の問題を、今の人に書いてもらうのだ。大体寿命はあまり長くなくてよい。生き生きした問題を摑《つか》まえるのだ」

私がここに書いた児童虐待は、まさに氏の指摘する「今の問題」だ。ならば、本書が広く読まれることで児童虐待のさまざまな課題が克服され、少しでも早くその寿命を全《まっと》うすることこそが本書の使命だといえよう。換言すれば、本書が「新書」ではなく「歴史の書」として読まれること、それが私自身の本望だといってもいい。そのために今後とも微力を注ぐことを誓って、拙《つたな》い筆を擱《お》くこととしたい。

二〇〇六年七月

川崎二三彦

主な参考文献（本文で参照したものを掲載）

大木英夫『終末論的考察』中央公論社、一九七〇年
岡本正子、渡辺治子、前川桜他「実態調査からみる児童期性的虐待の現状と課題」『子どもの虐待とネグレクト』第六巻二号
川﨑二三彦『子どものためのソーシャルワーク1　虐待』明石書店、一九九九年
川﨑二三彦『子どものためのソーシャルワーク4　障害』明石書店、二〇〇一年
財団法人日本児童福祉協会『子ども・家族の相談援助をするために——市町村児童家庭相談援助指針　児童相談所運営指針』二〇〇六年
才村純「児童虐待対策の到達点と課題」『母子保健情報』第五〇号
ささや　ななえ著、椎名篤子原作『凍りついた瞳《め》』集英社、一九九六年
児童福祉法規研究会編『最新　児童福祉法　母子及び寡婦福祉法　母子保健法の解説』時事通信社、一九九九年
しみず　みちを作、山本まつ子絵『はじめてのおるすばん』岩崎書店、一九七二年
高橋重宏・主任研究、才村純・分担研究「児童相談所の海外の動向も含めた実施体制のあり方の検討」平成一五年度厚生労働科学研究報告書
立松照康「戦前の児童虐待問題と「児童虐待防止法」」『センターレポート’04』名古屋市児童福祉センター

谷昌恒『いま教育に欠けているもの——私の道徳教育論』岩波ブックレット、一九八五年
津崎哲郎『子どもの虐待——その実態と援助』朱鷺《とき》書房、一九九二年(月刊『少年補導』に連載された「閉ざされた家族」をまとめたもの)
津崎哲郎「児童相談所のあり方についての一考」『大阪市中央児童相談所紀要』第八号、大阪市中央児童相談所、一九九六年
日本子ども家庭総合研究所編『子ども虐待対応の手引き』有斐閣、二〇〇五年(厚生労働省「子ども虐待対応の手引き」が収載されている)
松井一郎、才村純「ドイツ・フランスの児童虐待防止制度の視察報告書Ⅱ　フランス共和国編」二〇〇四年三月、子どもの虹情報研修センター
峯本耕治『子どもを虐待から守る制度と介入手法——イギリス児童虐待防止制度から見た日本の課題』明石書店、二〇〇一年
村田和木『「家族」をつくる——養育里親という生き方』中公新書ラクレ、二〇〇五年
吉田恒雄『児童虐待への介入——その制度と法』尚学社、一九九八年
「児童虐待の防止等に関する専門委員会報告書」二〇〇三年六月、社会保障審議会児童部会
「社会保障審議会児童部会報告書」二〇〇三年一一月
「「健やか親子21」検討会報告書」二〇〇〇年一一月
「専門相談室だより」No. 26、東京都児童相談センター(椎名篤子氏の講演が収載されている)

岩波新書新赤版一〇〇〇点に際して

ひとつの時代が終わったと言われて久しい。だが、その先にいかなる時代を展望するのか、私たちはその輪郭すら描きえていない。二〇世紀から持ち越した課題の多くは、未だ解決の緒を見つけることのできないままであり、二一世紀が新たに招きよせた問題も少なくない。グローバル資本主義の浸透、憎悪の連鎖、暴力の応酬――世界は混沌として深い不安の只中にある。

現代社会においては変化が常態となり、速さと新しさに絶対的な価値が与えられた。消費社会の深化と情報技術の革命は、種々の境界を無くし、人々の生活やコミュニケーションの様式を根底から変容させてきた。ライフスタイルは多様化し、一面では個人の生き方をそれぞれが選びとる時代が始まっている。同時に、新たな格差が生まれ、様々な次元での亀裂や分断が深まっている。社会や歴史に対する意識が揺らぎ、普遍的な理念に対する根本的な懐疑や、現実を変えることへの無力感がひそかに根を張りつつある。そして生きることに誰もが困難を覚える時代が到来している。

しかし、日常生活のそれぞれの場で、自由と民主主義を獲得し実践することを通じて、私たち自身がそうした閉塞を乗り超え、希望の時代の幕開けを告げてゆくことは不可能ではあるまい。そのために、いま求められていること――それは、個と個の間で開かれた対話を積み重ねながら、人間らしく生きることの条件について一人ひとりが粘り強く思考することではないか。その営みの糧となるものが、教養に外ならないと私たちは考える。歴史とは何か、よく生きるとはいかなることか、世界そして人間はどこへ向かうべきなのか――こうした根源的な問いとの格闘が、文化と知の厚みを作り出し、個人と社会を支える基盤としての教養となった。まさにそのような教養への道案内こそ、岩波新書が創刊以来、追求してきたことである。

岩波新書は、日中戦争下の一九三八年一一月に赤版として創刊された。創刊の辞は、道義の精神に則らない日本の行動を憂慮し、批判的精神と良心的行動の欠如を戒めつつ、現代人の現代的教養を刊行の目的とする、と謳っている。以後、青版、黄版、新赤版と装いを改めながら、合計二五〇〇点余りを世に問うてきた。そして、いままた新赤版が一〇〇〇点を迎えたのを機に、人間の理性と良心への信頼を再確認し、それに裏打ちされた文化を培っていく決意を込めて、新しい装丁のもとに再出発したいと思う。一冊一冊から吹き出す新風が一人でも多くの読者の許に届くこと、そして希望ある時代への想像力を豊かにかき立てることを切に願う。

（二〇〇六年四月）

川﨑二三彦

1951年岡山県生まれ．京都大学文学部哲学科卒業．大学卒業後，児童相談所に勤務．心理判定員（児童心理司）を経て児童福祉司となる．厚生労働省「今後の児童家庭相談体制のあり方に関する研究会」委員なども務める
現在，全国児童相談研究会（児相研）事務局長，日本子ども虐待防止学会会員，京都府宇治児童相談所相談判定課長
著書に『子どものためのソーシャルワーク1 虐待』『子どものためのソーシャルワーク2 非行』『子どものためのソーシャルワーク3 家族危機』『子どものためのソーシャルワーク4 障害』（以上，明石書店），『登校拒否と家族療法』『非行と家族療法』『父親と家族療法』（以上，共著，ミネルヴァ書房）など

児童虐待 ―現場からの提言　岩波新書（新赤版）1030

2006年8月18日　第1刷発行

著　者　川﨑二三彦《かわさきふみひこ》

発行者　山口昭男

発行所　株式会社 岩波書店
〒101-8002 東京都千代田区一ツ橋 2-5-5
案内 03-5210-4000　販売部 03-5210-4111
http://www.iwanami.co.jp/

新書編集部 03-5210-4054
http://www.iwanamishinsho.com/

印刷製本・法令印刷　カバー・半七印刷

ISBN 4-00-431030-X　Printed in Japan